Jürg Wunderli

Und innen die große Leere

Die narzißtische Depression und ihre Therapie

Kreuz Verlag

CIP-Titelaufnahme der Deutschen Bibliothek

Wunderli, Jürg:
Und innen die große Leere: die narzißtische Depression
und ihre Therapie / Jürg Wunderli. –
1. Aufl. – Zürich: Kreuz Verl., 1989
ISBN 3-268-00076-2

1. Auflage

Umschlaggestaltung: J. Reichert
Umschlagbild: Edward Hopper, »Eleven A. M.«, 1926 Hirshhorn
Museum and Sculpture Garden, Washington D. C.
Gesamtherstellung: Clausen & Bosse, Leck
ISBN 3 268 00076 2

Inhalt

Vorwort 7

1. Kapitel:
Doris – eine Therapiegeschichte in Träumen 9

2. Kapitel:
Die Palette der Symptome bei der narzißtischen Depression 43

Innere Leere 45
Die Unfähigkeit, Gefühle zu leben 48
Die Störung des Selbstwertgefühls 56
Niedergeschlagenheit 58
Das Versagen der Ich-Du-Begegnung 67
Körperliche Symptome 76
Das Streben nach Macht und Größe 79

3. Kapitel:
Die narzißtische Grundstörung und Gedanken zu ihrer Entstehung 81

Narzißtische Persönlichkeitsstörung und Versuche, sie zu »bewältigen« 81
Die Depression als Zusammenbruch der »Bewältigungsmechanismen« 89

Die Frustration narzißtischer Bedürfnisse in der frühen Kindheit 91
Die Geburtskonstellation 106

4. Kapitel:
Gedanken zur Therapie 109

Die Geschichte von Hans 109
Die therapeutische Haltung 114
Was geschieht im Patienten? 127

Literatur 138

Vorwort

In der zweiten Hälfte des letzten Jahrzehntes begann ich mich intensiv mit den Arbeiten des 1981 verstorbenen deutsch-amerikanischen Psychoanalytikers Heinz Kohut zu befassen. Seine Ausdrucksweise machte mir Mühe; aber ich entdeckte in zunehmendem Maße, daß viele Patienten in meiner Sprechstunde Symptome und Reaktionsweisen zeigten, wie sie Kohut als »narzißtische Persönlichkeitsstörung« beschrieben hatte. Insbesondere die narzißtischen Übertragungsformen faszinierten mich sehr, aber auch die Gegenübertragung des Therapeuten, angeregt durch die Gedanken von Otto Kernberg. Ich begann nach einigen Jahren am C. G. Jung-Institut in Zürich und an der Volkshochschule Zürich Vorlesungen über Narzißmus und dann speziell über die narzißtische Depression zu halten, wobei ich mich bemühte, allgemeinverständlich zu bleiben, was natürlich auf Kosten sehr differenzierter metapsychologischer Erwägungen ging. Ich glaubte dies aber verantworten zu können, da ich aus der Praxis sprechen wollte und ein möglichst breites Publikum interessierter Laien und Studenten beziehungsweise Praktiker nicht-psychoanalytischer Richtung im Sinne Freuds vor Augen hatte. Die Notizen zu diesen Vorlesungen bilden den Grundstoff des vorliegenden Buches. Man wird im übrigen besonders den Deutungen der vorgelegten Träume unschwer entnehmen, daß ich mich der analytischen Psychologie C. G. Jungs nahe verbunden fühle.

Ich versuche in dieser Arbeit, die Symptome und das Wesen der narzißtischen Depression zu umreißen. Offensichtlich oder verdeckt depressiv sind die meisten Menschen mit narzißtischen Persönlichkeitsstörungen, die in die Sprechstunde des Psychotherapeuten kommen. Zahlreiche Beispiele illustrieren die bewußt einfach gehaltenen theoretischen Ausführungen. Am meisten Mühe hat mir das Kapitel »Gedanken zur Therapie« gemacht. Dies nicht zuletzt deswegen, weil ich ein durch und durch ehrliches Buch schreiben wollte, das nicht verschweigt, wie schwierig die Therapie von narzißtisch depressiven Patienten sein kann. Ich spreche daher nur sehr zurückhaltend von »Heilung«, sondern eher von einem Prozeß, in welchem der Betroffene lernt, mit seinen wahren Gefühlen besser umzugehen, seine Größenphantasien zu integrieren und sich selber in seinem Sosein zu akzeptieren, ja zu lieben. Dann kann sich die innere Leere wieder füllen; Interessen kehren ein, und ein echter Kontakt zum Du anstelle der narzißtischen Besetzung wird möglich.

Sehr zu Dank verpflichtet bin ich allen Patienten, die ihr Einverständnis für die Verwendung von Material gegeben haben. Selbstverständlich habe ich dieses sehr diskret, mit abgeändertem Namen und sehr spärlichen biographischen Angaben getan, so daß eine Identifizierung – außer für den Betroffenen selbst – nicht möglich ist. Ein ganz tiefer Dank gehört meiner Lebensgefährtin Barbara. Sie hat das Manuskript mit zahlreichen Diskussionsbeiträgen, Anregungen und Korrekturen bereichert, so daß das Buch ohne ihre Mitarbeit kaum denkbar wäre. Danken möchte ich auch meiner Lektorin vom Kreuz Verlag, Frau Dr. D. Binkert, die mich immer wieder, auch in schwierigen Momenten, liebenswürdig ermuntert hat, die Arbeit fortzuführen.

Zürich, Ende August 1988 *Jürg Wunderli*

1. Kapitel

Doris – eine Therapiegeschichte in Träumen

Doris ist eine auffallend zarte, fast ätherisch und jungmädchenhaft wirkende Frau. Sie ist verheiratet, Mutter zweier Söhne und neben dem Leben als Hausfrau künstlerisch tätig. Als sie sich für eine Psychotherapie entschließt, ist sie 36 Jahre alt. Trotz ihres äußerlich ausgefüllten Lebens fühlt sie sich innerlich leer und kraftlos; auch klagt sie zu Beginn der Therapie zunächst mehr über körperliche Beschwerden: Sie leidet an Herzklopfen, an häufigen Erschöpfungs- und Ermüdungszuständen, Schweißausbrüchen, einem Gefühl völliger Entkräftung, so als ob das Leben aus dem Körper flösse. Dann wieder tritt Übelkeit auf, oder Durchfälle plagen sie, und ihre Atemnot erfolgt oft auch ohne körperliche Anstrengung.

Gründliche körperliche Untersuchungen, auch solche in einer Spezialklinik, ergaben nie faßbare Befunde. Es hieß immer: »Es sind ›nur‹ die Nerven«, und allenfalls wurden Medikamente zur seelischen Beruhigung, Tranquilizer, verschrieben.

Nach diesen ersten Auskünften erzählt Doris aber auch von ihren seelischen Beschwerden. Sie empfindet ihr Leben als freudlos und mag so nicht weitermachen. Sie sagt, ihr Leben sei eigentlich nie schwungvoll gewesen, und sie habe schon in der Kindheit und auch später eine große innere Leere erlebt.

In meinen nun folgenden Ausführungen gebe ich im wesentlichen, wenn auch in sehr geraffter Form, den Verlauf der Therapie wieder und beschränke mich hier nur auf einige, zum Verständnis notwendige, theoretische Erläuterungen.

In einer Stunde kurz nach dem Beginn der Therapie klagt Doris über Verstopfung und Krampfschmerzen im Bauch. Man nennt dies spastische Obstipation und beschreibt damit ein psychosomatisches Leiden. Da Doris sehr stark vom Kopf her lebt, verkümmerten ihre Gefühle. Dabei sind intensive Aggressionen in ihr vorhanden; nur können sie nicht aus ihr heraus und richten sich gegen sie selber. So erlebt sie eine riesige Wut im Bauch, welche von Suizidphantasien begleitet wird, und das äußert sich nun im Körper als spastische Obstipation.

Schon einen Monat später kann sie erstmals etwas das Gefühl der Traurigkeit zulassen und fühlt sich dadurch schon etwas lebendiger. Ihre Traurigkeit zeigt sich darin, daß ihr schmerzlich bewußt wird, daß sie ihr Leben bis zu diesem Zeitpunkt ihrer Meinung nach eigentlich noch gar nie richtig gelebt hat.

Zwischen ihr und ihrem Mann stimmt heute fast nichts mehr, sagt sie, einzig sein Körper sei so weich und rundlich, und das erinnere sie stark an die Mutter. Sie war immer erfüllt gewesen von großer Sehnsucht nach körperlicher Nähe mit der Mutter, die sie nur sehr selten zu spüren bekam. Ihr Bedürfnis nach Symbiose sei sehr stark da gewesen und werde in der Ehe gestillt durch die physische Nähe, durch den Körper ihres Mannes; jedes Streicheln sauge sie auf wie eine dürstende Pflanze. Nun spürt sie aber, daß sie mit ihrem Mann aus seelischen Gründen nicht mehr zusammenleben kann. Noch hat sie zu dem Zeitpunkt, in welchem sie all das erkennt, Angst, ohne die körperliche Nähe mit ihm zu verdorren.

Ganz zu Beginn der Therapie bringt sie einen Traum in die Sprechstunde. Man nennt solche ersten Träume, welche dann von einer Sequenz weiterer Träume gefolgt werden, Initialträume.

Initialtraum

»Ich bin mit den Eltern auf einer Bergtour. Es geht zunächst über Wiesen, dann kommt plötzlich ein steiler Felsabbruch, der überquert werden muß. Erst danach kommt wieder ein Weg. Meine Eltern und Bekannte von ihnen gehen ohne weiteres darüber. Die Eltern lachen mich aus, weil ich in Todesangst bin, zittere und höchste Lebensgefahr spüre.«

Diesen Traum träumte Doris zweimal hintereinander kurz vor dem Beginn ihrer Therapie. Unmittelbar danach träumte sie ihn ein drittes Mal, diesmal allerdings mit einer kleinen Änderung: Hier gelangt sie mit Ach und Krach über den gefährlichen Felsabsturz, doch dahinter zeigt sich ein neuer felsiger Weg. Wiederum lachen sie die Eltern grauenhaft aus.

Was fällt Doris ein zu diesem Traum? Sie habe als Kind einem ungeheueren Erwartungsdruck gegenübergestanden, meint sie dazu. Die Mutter insbesondere habe sie zu einem Kind machen wollen, das ganz ihren eigenen, idealen Vorstellungen entsprechen sollte; mit anderen Worten: Die Tochter hatte ein voll verfügbares Werkzeug der mütterlichen Ideen und Wünsche zu sein. Doris hatte sich als Kind denn auch völlig unverstanden und verlassen gefühlt, was sie sehr verletzlich werden ließ. Da sich Doris in diesem Traum als Kind erlebt, könnte durchaus ein Kindheitsgeschehen gemeint sein. Die Eltern im Traum wären dann ihre wirklichen Eltern; die Situation würde eine reale Situation ihrer Kindheit aufrollen. Eine solche Art, Träume zu deuten, nennt man in der Sprache von C. G. Jung eine *Deutung auf der Objektstufe*. Das bedeutet: Die Personen und Verhältnisse im Traum werden zu realen Personen und Verhältnissen in Beziehung gesetzt. Man spricht auch von einer retrospektiven Traumauffassung, weil man im Traum verdrängte Wünsche, Ängste und Bedürfnisse findet, die in der Regel auf frühkindliche Erlebnisse zurückgeführt werden müssen. Im Initialtraum von Doris haben wir einen ersten Hinweis auf eine unerfreuliche Kindheit, in der Verlacht- und Verlassenwerden an der Tagesordnung sind.

Jung sah bald, daß man mit der Deutung auf der Objektstufe allein nicht wirklich weiterkommt. Er hat darum eine *Deutung auf der Subjektstufe* eingeführt. In den Definitionen im Anhang seiner »Psychologischen Typen« (GW Band 6) beschreibt er klar, was er unter der Deutung auf der Subjektstufe versteht: »...diejenige Auffassung eines Traumes oder einer Phantasie, bei der die darin auftretenden Personen oder Verhältnisse als auf subjektive, gänzlich der eigenen Psyche angehörende Faktoren bezogen werden«. Die Figuren des Traumes sind bei dieser Deutungsart Personifikationen von Wesenszügen des Träumers. Bei allen Unterschieden in der Traumdeutung von Freud und von Jung weise ich doch darauf hin, daß Freud selbst in seiner »Traumdeutung« davon spricht, daß sich der Träumer im Traum selber darstelle.

Wollen wir nun den Initialtraum von Doris auf der Subjektstufe deuten, dann handelt es sich bei den Eltern um Elterninstanzen *in ihr*, die sie überfordern, auslachen und über sie herfallen. Der Traum könnte somit etwas Vorausblickendes haben, wie es Initialträumen entspricht: Die kommende lange Analysenzeit wird wie ein Felsabsturz erlebt. Es gelingt ihr mit viel Müh und Not, die bedrohliche Stelle zu überqueren, und sie gelangt nun wieder auf einen Weg, der aber felsig bleibt. Die Therapie war denn auch oft sehr schlimm und hart für sie, und die negativen Elternstimmen in ihr machen ihr den Weg, den sie zu gehen hat, nur noch schwerer. Aber der Traum hat einen guten Ausgang, so daß der Analyse mit Doris vertrauensvoll entgegengegangen werden durfte.

Dickichttraum

Etwa vier Monate später hat Doris folgenden Angsttraum:

»Ich bin in einem grünen Dickicht. Ich muß einen weißen Ball suchen, und eine männliche Person hilft mir dabei – es könnte mein Vater sein. Ich bin ein etwa achtjähriges Mäd-

chen. Das Gebüsch wird immer dunkler und dichter. Der Vater geht weg, und ein furchtbares Verlassenheitsgefühl befällt mich. Ich erlebe Todesängste, dann erwache ich.«

Gleich nach dem Erwachen hat Doris folgenden Einfall: Sie fühlt sich als kleiner, hilfloser und durstiger Säugling, der aus dem Babyfläschchen trinken möchte.

Ich sah damals, zur Zeit des Traumes, in diesem eigentlich nur eine Rückblende in die Kindheit. Doris träumt sich ja auch als achtjähriges Mädchen, und sie erlebte, wie wir noch sehen werden, bei ihrem Vater immer wieder das Drama des Angelockt- und späteren Verlassenwerdens. Sie sprach auch immer wieder von den Gefühlen trostloser Verlassenheit, die sich durch ihre ganze Kinderzeit hindurchzogen. Es ist also sehr verständlich, daß sich Doris beim Erwachen aus dem Traum nach einem Zustand völliger Geborgenheit sehnte, in dem sie nur bekommt, frei von jeglicher Verantwortung, und wo ihr Durst nach Zuwendung gestillt würde.

Obwohl es sich bei diesem Traum *auch* um eine Rückblende in die Kindheit handelt, kommt noch einiges Wesentliche hinzu. Der Traum kann auch als Bild für die vor kurzem begonnene Therapie gesehen werden. In einer tiefenpsychologischen Analyse befindet man sich in einem Dickicht, und dieses wird zuerst sogar noch zunehmen. Im Traum ist hier von einem grünen Dickicht die Rede – grün als Symbol für die Fruchtbarkeit. Der Ball, den sie sucht, ist ein Symbol der Ganzheit. Die Ganzheit wird in Träumen, Phantasien, spontanen Malereien, Märchen und Mythen meist durch etwas Rundes dargestellt: einen Kreis, einen Ring, eine Kugel oder eben einen Ball. Es fällt uns auf, daß es sich bei dem Ball, den Doris sucht, um einen weißen Ball handelt, also eine unbefleckte Ganzheit, die nicht in harter Arbeit erworben werden mußte. Sie macht sich hier, im Anfang der Analyse, Illusionen über den harten therapeutischen Prozeß und über die Ganzheit. Das sagt denn auch der spontane Einfall beim Erwachen: Sie möchte die Frucht der Analyse im Grunde so vorgesetzt bekommen wie der Säugling seine Flasche, möchte nicht suchen und leiden müssen, sondern ohne eigene Verantwortung sein und einfach konsumieren.

Und wer ist dann bei dieser Deutung die männliche, vaterähnliche Person, die ihr im Traum zu Anfang hilft und dann plötzlich verschwindet? Das könnte der Therapeut sein; denn Doris hatte während dieser Therapiephase noch große Angst und ein enormes Mißtrauen, der Therapeut locke sie – wie ihr Vater – auch nur an und werde sie dann fallenlassen.

Der Traum von der psychiatrischen Klinik

Kurze Zeit später hat Doris wieder einen Alptraum:

»Ich gehe zum Arzt, lande aber in der psychiatrischen Anstalt. Man erklärt mich für verrückt. Ich werde bei einem Dr. Jung angemeldet. Dort muß ich ein Kohlblatt entrollen und sehe darin einen Schmetterling. Dr. Jung sieht zweideutig aus. Dann führt er mich in einen Raum mit Dutzenden von Geisteskranken. Dr. Jung sagt, er wisse schon, daß ich nicht geisteskrank sei, empfiehlt mir aber doch, dazubleiben. Sein Gesicht wird immer zweideutiger, ja hinterhältig. Ich kann in großer Panik die Treppe hinunterfliehen, kann plötzlich fliegen, fliege über das Tor, werde verfolgt und komme schließlich in eine traurige, mausgraue Stadt. Dort bin ich wie ausgelöscht und kraftlos und erwache schweißgebadet.«

Von C. G. Jung hatten wir in der Stunde zuvor gesprochen. Es liegt nahe, daß mit Dr. Jung der Therapeut gemeint ist, von dem Doris träumt. Es handelt sich also um einen Übertragungstraum. Allerdings ist die Übertragung negativ: Sie hat fürchterliche Angst, für verrückt erklärt zu werden, auch wenn ihr der Therapeut versichert, daß dies nicht der Fall ist. Sie glaubt, in eine Falle zu geraten und erst vom Therapeuten angelockt und dann – ähnlich wie vom Vater und wie im vorangegangenen Traum – fallengelassen zu werden. Im Zeitpunkt dieses Traumes erlebt Doris die Therapie, die das innere Chaos beleuchtet, als Irrenhaus. Die Angst vor dem Therapeuten, der zunehmend hinterhältig zu werden droht, löst in ihr ein Fluchtverhalten aus, dem sie sich nicht entziehen kann. In ihrer Angst gewinnt das Geschehen des Kohlblattes mit dem Schmetterling keine beruhigende Bedeutung. In Wahrheit ist es nämlich etwas äußerst Positives: Der Schmetterling ist von alters her ein Symbol für die lebendige, unsterbliche Seele, und das Kohlblatt symbolisiert das Leben; denn es wurde den Kindern früher erzählt, die Babys würden in einem Kohlkopf gefunden. Die Angst vor dem Verrücktwerden ist Ausdruck für das Erleben des inneren Chaos und dominiert den ganzen Traum. So flieht Doris. Aber sie flieht nun in die wirkliche Verlassenheit, in eine mausgraue, traurige Stadt. Dort ist sie wie ausgelöscht und völlig kraftlos. Der Zustand, in den sie gerät, entspricht ihrem Gefühl der inneren Leere und Unlebendigkeit, das alles grau in grau sieht und erlebt. Damit zeigt dieser Alptraum ihre gegenwärtige Befindlichkeit auf und ist ein Ausdruck für ihre Depression. Sie fühlt sich völlig niedergeschlagen, auch in den Stunden. Sie hat wahnsinnige Angst, psychotisch zu sein oder es jedenfalls zu werden. Sie fühlt einen unwiderstehlichen Sog in eine graue, düstere Tiefe, dem sie hoffnungslos ausgeliefert ist. Sie befindet sich in einem Zustand, wo sie äußerst bedrohlich erfährt, was es heißt, wenn das Ich-Selbst nahe daran ist, völlig zu zerfallen. Ihr Vertrauen zum Therapeuten ist im gegenwärtigen Moment gleich Null. An dieser Stelle ist es nötig, verständlich zu machen, was in ihr geschehen ist, und da hilft es uns zu wissen, was unter einer *Übertragung* zu verstehen ist. Übertragung ist ein Begriff, der von Sigmund Freud geprägt worden ist. Freud wurde nämlich gewahr, daß der Liebeshunger oder der Haß von seiten des neurotischen Patienten gar nicht wirklich ihm als ärztlicher Person gilt. Solche Gefühle werden zwar durch die Therapie oft ausgelöst und auf den Therapeuten übertragen, aber – von Ausnahmen abgesehen – gelten diese Gefühle den frühkindlichen Bezugspersonen. Da negative Gefühle verdrängt werden mußten, um die positive Beziehung zu den Eltern oder anderen lebenswichtigen Bezugspersonen nicht zu gefährden, melden sie sich – je nach dem Grad der Verdrängung – mehr oder weniger intensiv in der psychotherapeutischen Behandlung. Obwohl es sich also um eine Art Mißverständnis handelt, geben diese Gefühle und Emotionen eine entscheidende Chance für den Nachreifungsprozeß des Analysanden. Hier, im geschützten Rahmen einer Psychotherapie, können alle diese Gefühle leben und kann an ihnen gearbeitet werden. Der Patient darf erfahren, daß er Aggressionen zum Beispiel nicht nur haben, sondern auch äußern kann, ohne Gefahr zu laufen, deswegen abgelehnt oder verstoßen zu werden. Das Übertragungsgeschehen ist also, wie wir gesehen haben, eine unbewußte Wiederholung der Vergangenheit. Es ereignet sich aber durchaus mit einem Gefühl der besonderen Aktualität, will sagen: Meine Wut gilt jetzt, wo sie hochkommt, unbedingt dem Therapeuten, bis zu dem Moment, wo mir bewußtgemacht werden kann, daß sich eine Übertragung ereignet.

In den nun folgenden Stunden weint Doris oft heftig und verkriecht sich dabei, zusammengerollt wie ein Embryo in einer Ecke der Liege. Sie schluchzt: »Ich möchte mich zusammenrollen wie im Mutterbauch.« Sie fühlt sich sehr allein und sucht darum Schutz in der Ecke. Sie äußert, sie habe unendliche Sehnsucht nach einem Menschen, der sie in die Arme nimmt und liebhat, sie versteht und sie nicht manipuliert. Sie wünschte sich, daß dieser Mensch ihr Vater gewesen wäre. Immer wieder erfaßt sie das Gefühl, im Stich gelassen worden zu sein. Erstmals verspürt sie auch eine große Wut auf ihren Vater, auf ihren Mann, eigentlich auf alle Männer, aber auch auf sich selbst. Die Wut, die in ihr aufsteigt, ist eine ohnmächtige Wut.

Doris hat eine Riesenangst vor der Liebe. Sie kenne sie nur in Form eines Angelockt- und Fallengelassenwerdens. Wir werden später noch besser begreifen, weshalb ihr immer wieder diese Formel »Anlocken und Fallenlassen« in den Sinn kommt, insbesondere, wenn sie an ihren Vater und ihren Ehemann denkt. Sie ist überzeugt, daß beide sie nie so angenommen haben, wie sie wirklich ist, sondern sie stets manipuliert hätten...

Einmal phantasiert sie folgenden Zustand, nach dem sie sich sehr sehnt: Sie erlebt sich frei von allen Verpflichtungen; es gibt keine Zwänge; sie ist frei von Ansprüchen aller Art, die an sie gestellt werden. Sie kann nur immer ihren inneren Impulsen folgen und alles frei nach den eigenen Empfindungen und Wünschen gestalten. Sie ist es auch, die ihren Beziehungen die gewünschte Form gibt. Diese Phantasie zeigt, daß sie sich nach einem Kindheitsparadies sehnt, wo sie ohne eigene Verantwortung in der frühkindlichen Symbiose leben darf. Wir erinnern uns an den Einfall, den sie nach dem Erwachen aus dem »Dikkichttraum« hatte: Sie erlebte sich dort als hilflosen, durstigen Säugling, der nur aus der Babyflasche trinken möchte.

In der Phase, die nun folgt, fühlt sie zunehmend eine Abspaltung ihrer Gefühle: Nur ihr Kopf ist da, auch in den Therapiestunden. Die Gefühle sind weg. Sie sind schon da; denn im Bauch möchte es laut herausschreien, doch sie kann einfach nicht. Der Zugang ist versperrt. Am liebsten würde sie in einer Ecke stehen und sich schämen. Warum sich schämen? Weil sie sicher ist, in den Stunden nichts Interessantes zu bieten und den Therapeuten zu langweilen. Doris hat große Angst, der Therapeut lasse sie deswegen fallen und stoße sie zurück. Natürlich versichert ihr dieser, daß sie während den Stunden nichts bieten oder leisten müsse; sie könne einfach so sein, wie es ihr eben zumute sei.

Inzwischen lebt Doris von ihrem Mann getrennt. Die Trennung erfolgte auf ihren Wunsch. Nachdem er ihr einen kurzen Besuch gemacht hat, um etwas rein Sachliches zu besprechen, bringt sie folgende Phantasie in die Therapiestunde: Sie erlebt sich als kleines Kind und versinkt ganz in der bergenden Haut und im Körper ihres Mannes. Sie meint dazu, sie empfinde ein unendliches Bedürfnis nach Zuwendung und Zärtlichkeit. Wir erinnern uns, daß sie ganz zu Beginn der Therapie erzählt hatte, auch wenn sie sich seelisch mit ihrem Mann nicht mehr verständigen könne, so sei sie an seinen weichen und rundlichen Körper gebunden, der sie stark an die Mutter erinnere.

Die Phantasie, die sie hatte, wühlt sie sehr auf. Wieder verkriecht sie sich auf der Couch und weint dort, in sich zusammengekauert. Sie sagt, sie leide sehr unter ihrem Gefühlswirrwarr. Dieser besteht aus einer unendlichen Sehnsucht nach Geborgenheit und Zärtlichkeit, aber auch aus tiefen Minderwertigkeitsgefühlen und Selbstverachtung. Daneben her gehen Größenphantasien, welche von ihr verlangen, perfekt zu sein.

Einige Monate später schildert Doris ihren Zustand als sehr depressiv. Sie leidet tatsächlich an einer narzißtischen Depression, welche schon beim Beginn der Therapie da war und auch schon davor, doch erst jetzt wird ihr dies bewußt. Sie erfährt nun auch hautnah den Unterschied zwischen traurig sein und depressiv sein. In der Traurigkeit gibt es Gefühle; in der narzißtischen Depression hingegen herrscht eine öde, stumpfe Leere, und genauso öd, stumpf und leer fühlt Doris sich nun. Sie sagt, etwas in ihr verbiete es ihr, traurig zu sein; öfters schon war sie in der Stunde oder auch daheim wirklich traurig gewesen, jetzt aber spürt sie überhaupt nichts. Ich frage Doris daraufhin, warum sie jetzt nicht traurig sein dürfe. Doris meint dazu: »Es ist ja doch nur immer ein bedeutungsloses und ungerechtfertigtes Jammern. Es muß halt einfach gehen, es gibt ja viel Schlimmeres, ich schäme mich vor mir selber, eine so weinerliche Jammertante zu sein, und hasse mich deswegen.« Ich frage sie, warum sie so argumentiere und empfinde. Doris bricht in ein heftiges Weinen aus und sagt: »Weil das traurige Kind ja doch nicht verstanden wird. Ich habe als Kind so oft nachts im Bett geheult und weiß gar nicht mehr, warum. Aber während des Tages wäre es unvorstellbar gewesen, traurig zu sein.« Ich frage, was denn geschehen wäre, wenn sie ihre Traurigkeit gezeigt hätte. »Die Mutter wäre zusammengeklappt und hätte mir endlose Vorwürfe gemacht: ›Es ist böse von dir, daß du traurig bist, wo du es doch so schön hast. Ich tue doch alles für dich, opfere mich auf, und du bist traurig und unglücklich. Das ist doch undankbar von dir.‹«

Sie ist sicher, daß die Mutter ihre Traurigkeit als Vorwurf erlebt hätte, und damit wäre ihre Fassade als perfekte Mutter zusammengebrochen. »Ja, und der Vater?« frage ich. »Der Vater hätte meine Traurigkeit völlig bagatellisiert und erklärt: ›Das ist doch nichts, wer wird denn da auch weinen.‹ Es hätte für ihn eine unangenehme Störung bedeutet, weiter nichts; desinteressiert hätte er sich abgewendet, und ich hätte mich zu allem Elend noch fürchterlich geschämt.«

Es ist wichtig zu sagen, daß beide Eltern von Doris offenbar nicht in der Lage waren, Konflikte zu ertragen oder sich selber in ihrer elterlichen Haltung in Frage zu stellen. Dies fand seinen Niederschlag im Verhalten der Tochter, welche unbewußt versuchte, die Eltern schonungsvoll zu behandeln, um nicht von ihnen abgelehnt zu werden.

Der Traum von den abgehauenen Händen und Grimms Märchen vom Mädchen ohne Hände

Vor Weihnachten des ersten Therapiejahres erzählte Doris einen Traum, den sie am liebsten sofort wieder vergessen hätte:

»Ein Mann macht mir den Vorschlag, meine beiden Hände abzuhacken. Ich lasse es geschehen und versuche, mit den Armstummeln zu arbeiten, zum Beispiel kleine Sachen von einem Ort zum andern zu tragen. Ich denke, es geht ja auch ohne Hände. Dann denke ich, eigentlich wäre es besser, wieder Hände zu haben, und nun habe ich wieder Hände. Aber es sind nicht die eigenen. Bei all diesem Geschehen bin ich völlig teilnahmslos und lethargisch, und das erschreckt mich nach dem Traum am meisten.«

Gleich nach dem Traum fällt Doris das Märchen der Gebrüder Grimm vom Mädchen ohne Hände ein. Ich will es hier in seinen Grundzügen wiedergeben:

Ein armer Müller besitzt nichts mehr als seine Mühle und einen Apfelbaum, der hinter der Mühle steht. Wie er einmal in den Wald geht, um Holz zu hacken, begegnet er dem Teufel in Gestalt eines alten Mannes. Dieser schließt mit dem Müller einen Teufelspakt und verspricht ihm Reichtum, wenn er ihm das gebe, was hinter seiner Mühle stehe. Der Müller denkt, das könne ja nur sein Apfelbaum sein, und willigt ein. Wie er aber nach Hause kommt, ist dort zwar der Reichtum ausgebrochen, aber er entdeckt, daß neben dem Apfelbaum auch seine Tochter hinter der Mühle steht. Und sie ist es, die nun dem Teufel gehört. Die Müllerstochter ist ein schönes und frommes Mädchen und hat all die Jahre in Gottesfurcht und ohne Sünde gelebt. Wie nun der Tag gekommen ist, da der Teufel sie holen will, wäscht sie sich rein und zieht mit Kreide einen Kreis um sich. So kann sich ihr der Teufel nicht nähern und wird darüber sehr zornig. Er befiehlt dem Vater, er solle seiner Tochter das Wasser wegnehmen, damit sie sich nicht mehr waschen könne. Aber auch das nützt nichts, denn die Tochter weint auf ihre Hände, und so werden sie wieder ganz rein. Der Teufel kann wiederum nichts ausrichten und wütend befiehlt er dem Müller, seiner Tochter die Hände abzuschlagen, sonst gehe es ihm selber an den Kragen. Voller Angst spricht der Vater zu seiner Tochter: »Kind, wenn ich dir nicht beide Hände abschlage, nimmt mich der Teufel mit sich fort.« Das Mädchen antwortet: »Vater, macht mit mir, was Ihr wollt«, und läßt sich beide Hände abschlagen. Wie der Teufel wiederkommt, kann er ihr endgültig nichts anhaben, denn sie hat so viel auf ihre Stümpfe geweint, daß sie ganz rein wurden. Sie will aber nun nicht mehr zu Hause bleiben und zieht allein in die weite Welt hinaus. Nach langer Wanderung kommt sie zu einem königlichen Garten und sieht im Mondschein darin Bäume voller köstlicher Früchte stehen. Doch sie kann nicht hinein, denn rund um den Garten liegt ein tiefer Wassergraben. Da der Hunger sie sehr quält, betet sie zu Gott um seine Hilfe. Plötzlich kommt ein Engel und macht den Wassergraben durchgängig. Das Mädchen geht nun mit dem Engel in den Garten und pflückt mit dem Mund eine der Früchte vom Baum ab; dann versteckt es sich im Gebüsch. Die Früchte sind aber gezählt, und so entdeckt der König, als er am andern Morgen in den Garten geht, daß eine Frucht fehlt. Er fragt den Gärtner, und da dieser alles beobachtet hat, erzählt er dem König, ein Geist ohne Hände sei gekommen und ein Engel sei bei ihm gewesen. In der nächsten Nacht will der König zusammen mit dem Gärtner und einem Priester alles beobachten. Um Mitternacht geschieht alles wieder genauso wie beim ersten Mal. Da tritt der Priester aus seinem Versteck und fragt das Mädchen, ob es ein Geist oder ein Mensch sei. Das Mädchen antwortet: »Ich bin kein Geist, sondern ein Mensch, der von allen verlassen ist, nur von Gott nicht.« Da nimmt der König das Mädchen zu sich, gewinnt es sehr lieb und macht es zu seiner Gemahlin. Auch läßt er ihm silberne Hände machen.

Nach einem Jahr muß der König ins Feld ziehen und seine schwangere Frau zurücklassen. Ein gesunder Sohn wird geboren, und die Königsmutter schreibt dem König einen Brief mit dieser Frohbotschaft. Der Briefbote schläft unterwegs einmal ein; und da wechselt der Teufel den Brief gegen einen andern, in welchem geschrieben steht, die Königin habe einen Wechselbalg geboren. Der König ist sehr traurig, doch schreibt er zurück, man solle Sorge tragen zu seiner Gemahlin. Auch dieser Brief wird vom Teufel ausgetauscht gegen einen, in dem vom König der Befehl erteilt wird, man solle die Königin töten. Die Königsmutter kann es nicht glauben, was da von ihr verlangt wird, schreibt nochmals, der König auch, und wieder werden die Briefe vom Teufel ausgewechselt gegen andere. Der Königsmutter wird in dem vermeintlichen Brief ihres Sohnes befohlen, zum Wahrzeichen Augen und Zunge der getöteten Königin aufzubewahren. Die Königsmutter hat aber Erbarmen, läßt Augen und Zunge einer Hirschkuh aufbewahren und sagt zur Königin: »Du kannst nicht länger hierbleiben. Geh mit dem Kind in die weite Welt hinaus und komme nie wieder zurück.« Die arme junge Königin geht weinend fort und gelangt in einen großen wilden Wald. Dort wird sie von einem Engel zu einem kleinen Haus geführt. Auf dem Schildchen am Haus steht: »Hier wohnt jeder frei.« Sieben Jahre lebt sie mit ihrem Sohn, den sie »Schmerzensreich« nennt, dort, wird von einem Engel versorgt, und aus der Gnade Gottes erwachsen ihr wieder richtige Hände.

In der Zwischenzeit ist der König wieder auf sein Schloß zurückgekehrt. Wie er von seiner Mutter die Wahrheit erfährt, erkennt er, daß er vom Teufel getäuscht worden war, und er verspricht, seine Frau und seinen Sohn zu suchen und so lange nichts zu essen und zu trinken, bis daß er die beiden gefunden habe. Sieben Jahre wandert er überall herum und findet sie nicht. Er ißt nichts und trinkt nichts, doch Gott erhält ihn. Endlich gelangt er zu der kleinen Waldhütte; dort führt ihn der Engel hinein, und wie sich alle erkennen, ist das Glück, daß sie sich wiedergefunden haben, vollkommen, und sie kehren zum Schloß zurück und feiern nochmals Hochzeit.

Ich werde das Märchen nicht systematisch deuten, verweise aber an dieser Stelle auf den Bildband mit tiefenpsychologischer Deutung von E. Drewermann und I. Neuhaus, »Das Mädchen ohne Hände«, Olten 1981. Ich beschränke mich auf den Traum von Doris, wo ja nur das Motiv der abgehauenen Hände eine Rolle spielt, und auf die anschließende Traumbesprechung und werde so Parallelen zum Märchen zeigen.

Doris wird im Traum von einem Mann der Vorschlag gemacht, beide Hände abzuhacken. Der Mann ist ihr unbekannt. Nun ist der Verlust der Hände ein sehr ausdrucksstarkes Symbol für den Verlust der eigenen Handlungsfähigkeit, in einem gewissen Sinne auch für die Unfähigkeit, allein und selbständig zu leben. Das Mädchen ohne Hände kann nichts tun, weder Böses noch Gutes; es kann kein eigenes Leben gestalten, kann nicht eigenhändig zugreifen, kann sich nichts holen von dem, was es zum Leben braucht. Doris läßt sich im Traum von einem unbekannten Mann ihre Handlungsfähigkeit rauben. Wie im Märchen könnte auch hier der Mann ihr Vater sein. Wieso ist er ihr dann aber unbekannt? Die Müllerstochter kennt nur den einen Teil ihres Vaters, dem sie sich gehorsam unterwirft. Der andere Teil, der den Teufelspakt schließt, ist ihr unbekannt. Erst mit der Zeit merkt sie, daß der Vater gar nicht nur der starke Mann ist, den sie als Tochter bewundern kann, sondern daß er ja angesichts des Teufels völlig verängstigt und auf die Hilfe der Tochter angewiesen ist. In seiner Angst verlangt er von seiner Tochter, daß sie sich für ihn opfere, und genauso fühlt sich auch Doris ihrem Vater ausgeliefert, und auch ihre Gefühle zum Vater sind höchst ambivalent: Sie liebt ihn und war als Kind, wie die Tochter im Märchen, ihrem Vater blind ergeben, stellte sich ihm ganz zur Verfügung, um von ihm geliebt und angenommen zu werden. Im nachhinein erlebt sie sich als ein manipuliertes Kind, als ein Mädchen ohne Hände, ohne eigene Wünsche und völlig angepaßt. Doris sagt: »Ich bin schon irgendwie das Mädchen ohne Hände, ich fühle mich völlig teilnahmslos, seelisch fast tot; ich lebe nicht wirklich und ließ mich stets manipulieren.«

Bei der Besprechung des Traumes gerät Doris in große Wut. Als Kind verspürte sie zwar auch Wut, aber sie durfte sie nicht zeigen. Der Vater mußte, wie Doris es empfand, immer geschont werden, und zwar von seiner Tochter wie von seiner Frau. Er war furchtbar verletzbar. So lief er zum Beispiel oft einfach davon und irrte stundenlang herum, wenn ihm seine Frau etwas Unbequemes gesagt hatte. Eigentlich konnte nichts wirklich ausgesprochen, geschweige denn ausgetragen werden. Der Vater ging nie an seine eigenen Probleme. Doris gegenüber handelte er oft völlig inadäquat. Zeigte sie ihm ihre Wut, so wurde sie vom Vater brutal zusammengeschlagen. Nur liebe, dankbare Gefühlsäußerungen von seiten des Kindes waren erlaubt. So litt Doris denn auch an überdimensionierten Schuldgefühlen, da sie ja unmöglich nur das brave Kind sein konnte, und so kam es, daß sie immer versuchte, noch lieber und noch reiner zu werden, und ihre ganze Wut verdrängte. So erging es ihr wie dem Mädchen im Märchen, welches das Opfer seiner Hände, seiner eigenen Handlungsfähigkeit zu bringen hatte, um eine gute Tochter zu sein.

Nun ist aber der Mann im Traum von Doris ein Unbekannter. Wenn wir den Traum auf der Objektstufe deuten, erkennen wir, daß er viele biographische Züge trägt, und der Unbekannte wird als realer Vater gesehen werden müssen. Auch wenn der Traum uns Wesenszüge von Doris' Vater aufzeigt, so bedeutet das aber noch nicht, daß die ganze Traumsituation auf äußerlich erlebten Tatsachen beruht. Im Erleben von Doris tut sie es zweifellos. Deuten wir den Traum nun subjektstufig, so handelt es sich bei dem unbekannten Mann auch um eine Instanz *in* Doris: Es ist dann nicht ihr wirklicher Vater, der ihr die Hände abschlägt oder ihr den Befehl gibt, es zu tun, sondern eine sehr starke, brutale, negative Seite in ihr, die ihr unbarmherzig zu verstehen gibt, daß sie nichts sei und nichts könne und zu allem noch schuldig sei an ihrer Unfähigkeit. In der analytischen Psychologie von C. G. Jung spricht man in diesem Fall von einem negativen Animus.

Doris bekommt im Traum wieder Hände. Aber es sind nicht ihre eigenen. Es ergeht ihr wie der Müllerstochter im Märchen: Der König kann ihr nur silberne Kunsthände schenken, so daß sie handlungsunfähig bleibt und der Willkür des Schicksals wehrlos ausgeliefert. Doris bricht nach ihrer unglücklichen Kindheit in die Ehe auf. Doch die Ehe erweist sich nur als ein halber Aufbruch ins Leben; ihre Seele bleibt an die Eltern gebunden und ist weiterhin leblos, freudlos, teilnahmslos, »ohne Hände«, das heißt ohne eigenes Leben, unselbständig, völlig abhängig von ihrem Mann. Es verändert sich nichts wirklich durch den Schritt in die Ehe; die vermeintliche Befreiung und Selbstfindung erweist sich mehr und mehr als eine große Illusion. Die Ehe ist geprägt von dauernden Mißverständnissen, bis sie zerbricht. Erst die Scheidung bringt Doris die Möglichkeit, auf eigenen Füßen zu stehen, selbständig leben zu lernen, die eigenen Gefühle und Bedürfnisse wahrzunehmen und sich nun wirklich auf den Weg zu sich selber zu begeben. Das ist der Beginn der »Waldphase« bei Doris.

Wir sehen hier eindeutige Analogien zum Märchen: Die Vermählung mit dem gütigen König stellt für das arme Mädchen sicher eine große Gnade dar. Aber die Erfüllung aller geheimen Wünsche, indem man selber passiv bleibt (Silberhände sind ja nur Prothesen), bedeutet keine wirkliche Erlösung; das Mädchen hat zwar alles, aber es befindet sich in größter Abhängigkeit vom König. Es wird nicht selbständig. Kaum ist der Mann, von dem es seine Lebensfähigkeit bezieht, fern, so häufen sich die Mißverständnisse. Der »böse Geist« (negativer Animus) hat freies Spiel; die Frucht der Beziehung zum Gatten ist ein »Wechselbalg«. Eine tödliche Bedrohung tritt auf, jetzt, wo eigentlich ein neuer Lebensabschnitt beginnen müßte. Erst der Schritt in die Einsamkeit, in die Entbehrung, das Trauern – bezeichnenderweise nennt die Königin ihren Sohn »Schmerzensreich« –, die vierzehnjährige Waldphase bringt Freiheit. Wir erinnern uns, daß das Schildchen über dem Häuschen, in das die junge Königin fand, mit folgenden Worten beschriftet war: »Hier lebt jeder frei.« Selbständigkeit, Reifung und Freiheit sind das Resultat der Einsamkeit, so daß sie »durch Gnade«, wie es heißt, wieder zwei richtige Hände bekommt und alles einen guten Ausgang nimmt. Im Märchen wird die Erlösung als ein religiöses Geschehen gezeigt.

Der Traum von dem kleinen Kind

»Ich habe ein Kind, das ist etwa drei bis vier Monate alt. Ich erlebe mit ihm eine unbeschreibliche Symbiose und bin sehr glücklich. Das Kind hat den Körper eines Säuglings und sieht zugleich reif und erwachsen aus. Wir steigen miteinander ins Bad, und das erfrischende Wasser sprudelt über uns wie ein Lebensquell. Dann setze ich das Kind in das Laufgitter. Es strahlt viel Vitalität aus.«

Diesen Traum hatte Doris nach der Trennung von ihrem Mann. Es fällt ihr bei der Besprechung ein, daß sie sich zum ersten Mal in ihrem Leben als eine glückliche *Frau* fühlt. Bis dahin konnte sie nämlich ihre Weiblichkeit trotz der Ehe und den zwei Söhnen nicht akzeptieren. Das Kind in ihrem Traum wirkt, als ob es alles wüßte. Sie denkt an die Mutter und den Sohn »Schmerzensreich« aus dem Märchen vom Mädchen ohne Hände. Sie spürt aber auch Ärger in sich aufsteigen: Der Traum nimmt etwas voraus, was in der Realität noch gar nicht eingetreten ist. Sie spürt, daß er auf eine sehr positive Entwicklung in ihr hinweist, aber noch spürt sie überhaupt nichts von einer Symbiose mit ihrem Selbst. Sie ist voller Ungeduld, und ihre Wut und Ungeduld sind deshalb so stark, weil sie viele Jahre »ohne Hände«, ohne Kontakt zu ihrem Innern herumlief.

Doris klagt so laut und wird so beherrscht von ihrer Ungeduld, daß sie den unbeschreiblichen Glückszustand, in welchem sie sich im Traum befand, völlig vergißt. So macht sie der Therapeut darauf aufmerksam, daß die Symbiose mit ihrem Eigensten im Unbewußten zwar schon da ist, daß sie sich im Bewußtsein und im Befinden aber erst leise zu erkennen geben kann. Immerhin sprach sie ja bereits von einem Gefühl des Glücks, das sie in dieser Art noch nie zuvor gekannt hat.

Ein narzißtischer Übertragungstraum

»Wir (das heißt der Therapeut und ich) liegen auf der Couch zusammen, ganz nahe. Ich erlebe den Therapeuten als eine Erweiterung meiner selbst, viel Lebendigkeit und Wärme ausstrahlend.«

Wir haben von der Übertragung bereits früher gesprochen. Unter klassischen Übertragungsträumen verstehen wir solche, wo Gefühle der Liebe, des Hasses, der Angst etc., die ursprünglich den frühkindlichen Bezugspersonen, vor allem den Eltern, galten, im Traum nun im Zusammenhang mit dem Therapeuten erlebt werden. So ist etwa der Traum von der psychiatrischen Klinik ein klassischer Übertragungstraum, indem Doris dort ihr Mißtrauen dem sie ständig manipulierenden Vater gegenüber auf den als Dr. Jung getarnten Therapeuten überträgt.

Der Traum, um den es sich jetzt handelt, zeigt uns noch eine andere Form der Übertragung. Doris sagt, der Traum habe keinen erotisch-sexuellen Charakter. Wichtig ist ihr, daß sie das Nahe-beieinander-Liegen als eine wohltuende Erweiterung ihrer selbst erlebte, die sie vital und warm werden ließ. Es handelt sich damit also um einen Übertragungstraum mit eindeutig narzißtischem Charakter. Heinz Kohut spricht davon, daß man beim narzißtisch gestörten Menschen zwei besondere Übertragungsformen beobachten kann: die *idealisierende Übertragung* und die sogenannte *Spiegelübertragung*. In der Spiegelübertragung ist der Analytiker dem Patienten nur wichtig, insoweit dieser seine narzißtischen Bedürfnisse befriedigt, das heißt ihm Anerkennung, Wärme, Geborgenheit und die Möglichkeit, sich in ihm zu spiegeln, schenkt. Der Analytiker wird somit nicht als eigene Person mit eigenen Bedürfnissen und Aktivitäten wahrgenommen, sondern als Erweiterung des Patienten (genauer, nach Kohut: als eine Erweiterung des Größenselbst des Patienten). Indem der Patient den Therapeuten idealisiert und sich dann zugleich mit ihm identifiziert, fühlt er sich als der Mensch, der er eigentlich sein möchte. Aber natürlich erliegt er, wenn die Übertragung ihm unbewußt bleibt, einer Täuschung. Und doch gibt es eine Phase in jeder Therapie, wo es richtig und notwendig ist, diese Täuschung zuzulassen.

Doris leidet an einer narzißtischen Persönlichkeitsstörung und wurde durch die narzißtische Depression in die Therapie geführt. Um zu begreifen, wie es bei einem Menschen zu einer narzißtischen Persönlichkeitsstörung kommen kann, ist es wichtig zu wissen, daß er von seinen Eltern *narzißtisch besetzt* wurde. Narzißtische Besetzung bedeutet, daß ein Mensch – in diesem Fall die Eltern – einen andern Menschen – das Kind – als einen Teil seiner selbst erlebt. Das Kind wird dann nicht als eigenes Individuum wahrgenommen mit einer eigenen Struktur, eigenen Anlagen, eigenen Gefühlen und Bedürfnissen, sondern es wird von den Eltern erlebt, als empfinde und denke es genau gleich wie sie. Dies alles geschieht völlig unbewußt, und dennoch ist es ein schwerer Mißbrauch an einem Menschen. Eltern, die an ihre Kinder den Anspruch stellen, daß sie sich ihnen gegenüber so verhalten, wie die Eltern es brauchen, ja daß sie sogar so zu fühlen haben wie sie, besetzen ihr Kind narzißtisch. Natürlich müssen Eltern von ihren Kindern gewisse Verhaltensweisen verlangen; das ist ja ein Teil der Erziehung; denn das Kind muß lernen, sich in bestimmte Ordnungen einzufügen, schon in seinem eigenen Interesse. Wo es aber so ist, daß unausgesprochenerweise einem Kind ein bestimmtes Verhalten aufgezwungen wird, nur damit das labile Selbstwertgefühl seiner Eltern nicht zusammenbricht, sprechen wir von einer narzißtischen Besetzung. Der so narzißtisch besetzte Mensch wird seinerseits die Mitmenschen narzißtisch besetzen, und das geht oft über Generationen so, bis es einem Betroffenen bewußt wird. Die Analyse eignet sich besonders gut, um diesen Mechanismus zu erhellen; aber meist geht ein Mensch erst in eine Analyse, wenn er eine Depression bekommt.

Da alles, was wir beschrieben haben, bei Doris so eingetreten war, überrascht es uns auch nicht, daß sie ihren Therapeuten ebenfalls narzißtisch besetzt, wie das Unbewußte es ihr in diesem Traum zeigen will.

Zur Kindheit von Doris

In der Analyse von Doris ist zuerst oft die Rede von der Mutter. Doris wurde nicht von ihr gestillt; einen plausiblen Grund dafür gab ihr die Mutter nicht an. Doris wuchs als Einzelkind auf. Die Mutter scheute jeden körperlichen Kontakt mit ihrer Tochter sehr. In der Rückschau erlebt Doris ihre Mutter als eine sehr schamhafte und unweibliche Frau, obwohl sie einen sehr weiblichen Körperbau hatte. Doris erinnert sich, daß sie sich der Mutter extrem anzupassen wußte, um ihre Sehnsucht nach Symbiose und Zuneigung gestillt zu bekommen. Später geschah genau dasselbe mit ihrem Mann. »Eigentlich«, meint Doris, »habe ich in meinem Mann gar nicht den Mann gesucht, sondern die Mutter.«

Die Mutter sagte immer, wie sehr sie sich aufopfere, zunächst vor allem für Doris und später auch für die Enkelkinder. Als diese sich nicht bemuttern ließen, da kam, meint Doris, in der Mutter das Gefühl auf, für niemanden mehr wichtig zu sein, und von da an ging es ihr auch körperlich schlechter. Mit ihrem Mann hatte sie nur eine oberflächliche Beziehung, und so verlor sie zusehends den Lebenswillen. Einige Zeit später erkrankte sie an Brustkrebs. Mit ihrer Krankheit konnte sie sich nie abfinden und starb nach der Brustoperation an einer Lungenembolie.

Während langer Zeit war die Mutter für Doris Vorbild gewesen. Also bemutterte auch sie ihren Mann und diente ihm, ohne dabei ihre eigenen Bedürfnisse und Notwendigkeiten wahrzunehmen. Als Doris und ihr Mann sich trennten, verlor der zum Dienen erzogene Teil in ihr sein Betätigungsfeld, und da begann sie den intensiven Lockruf der Mutter zu hören, der sie wie ein Sirenenruf ins Grab zu ziehen drohte. Doch der Lebenswille in Doris war so stark, daß sie diesem Ruf widerstehen konnte.

Nur vage erinnert sich Doris an die Gefühle, die sie als kleines Kind für die Mutter gehabt hatte. Es mußte etwas mit Wut zu tun gehabt haben. Wut der Mutter gegenüber durfte aber natürlich nicht sein und durfte noch weniger ausgelebt werden. Das Unterdrücken ihrer Wut und ihrer Aggressionen wurde dadurch möglich, daß sie sich mit der Mutter identifizierte; so war sie dann wie diese. Sie wurde ein besonders braves Mädchen, ein richtiges »Dienerli«; auf den Kinderfotos, die ich von Doris zu sehen bekam, sah ich sie aber immer als ein unzufrieden und böse blickendes Kind!

Ich gehe im Folgenden nun nicht systematisch vor, indem ich zuerst das Verhältnis von Doris zu ihrer Mutter, dann jenes zum Vater bespreche, sondern ich versuche mehr oder weniger chronologisch wiederzugeben, was Doris im Laufe der ersten beiden Analysejahre über ihre Kindheit erzählte.

Einmal erinnert sich Doris an eine Szene aus ihrer Kindheit: Als Fünfjährige war sie beim Spielen und kam nicht gleich, als die Mutter sie rief; da stellten die Eltern das Kind vors Haus, dazu ein Köfferchen mit ein paar Kleidern und einem Pyjama, und schlossen die Haustür zu. Das Kind schrie, tobte und litt entsetzlich, bis es völlig resigniert und ohnmächtig in sich zusammenfiel; es war, wie wenn ihr das Genick gebrochen worden wäre; etwas Zentrales war von da an in ihr zerstört, meint sie. Nach einer gewissen Zeit, die ihr wie eine Ewigkeit vorkam, durfte sie wieder hereinkommen, mußte sich aber schämen. Doris mußte sich als Kind enorm oft schämen, zum Beispiel mußte sie lange Zeit in einer Ecke stehen oder, wenn sie nicht essen mochte, unter den Tisch kriechen. Der Vater schlug sie oft brutal zusammen, und die Mutter assistierte ihm dabei.

Das Sich-Schämen war für Doris so zur Gewohnheit geworden, daß sie sich auch in den Therapiestunden oft schämte; sie meint, sie könne nichts Interessantes bieten und langweile den Therapeuten. Am liebsten möchte sie auch hier in der Ecke stehen. Oder sie rollt sich auf der Couch zusammen, verkriecht sich ganz in eine Ecke und weint. Sie verspürt unendliche Sehnsucht nach einem Menschen, der ihre Hand nimmt, sie liebhat und versteht, ohne sie aber gleichzeitig zu manipulieren. Sie wünscht sich so sehr, daß ihr Vater so gewesen wäre.

Aber in ihrer Erinnerung war der Vater eben nicht so. Doris berichtet: »Er lockte nur immer, ließ mich am Sonntagmorgen zu sich ins Bett kommen und sang mir dann schöne und liebe Lieder. Ich war dann im Glauben, *ich* sei das vom Vater geliebte Wesen und nicht die Mutter, die auch noch daneben lag. Damals, als etwa Fünfjährige, verehrte ich meinen Vater; ich liebte ihn und glaubte, er wäre ein König und ich seine Königin. Die Mutter hatte dann natürlich keinen Platz in der Geschichte. Aber die Momente, die so wunderschön waren, gab es doch selten. Es waren Ausnahmesituationen. Sehr oft hat mich der Vater fürchterlich zusammengeschlagen, und in der Regel hatte er auch keine Zeit für mich.« Für Doris war ihr Vater außer in jenen von ihr als verführerisch erlebten Momenten völlig unerreichbar gewesen; nie habe er sie etwas gefragt, sich für etwas interessiert, was sie erlebte, dachte und fühlte. Annäherungsversuche ihrerseits hätten nie etwas genützt; sie sei bei ihm stets gegen eine Wand geprallt, meint sie dazu. Dadurch sei sie sich sehr wertlos vorgekommen und habe den Eindruck bekommen, nicht zu genügen. Sie fühlte sich durch die Art des Vaters in ihrer Weiblichkeit schwer verletzt, und sie verspürte gar keine Lust, eine Frau zu werden. Im Gegensatz zu den Gefühlen für ihre Mutter habe sie keine Wut gehabt auf den Vater, sondern immer gehofft und alles getan, um ihn zu gewinnen, wie später bei ihrem Mann. Erst jetzt, wo sie dies in der Therapiestunde erzählt, verspürt sie erstmals eine riesige Wut auf ihren Vater. Diese Wut wird immer wieder begleitet von den Worten: »Er lockte mich an und ließ mich dann fallen.«

Sie kann sich aber ihrer Wut gar nicht ganz überlassen, denn eine Stimme in ihr sagt: »Das ist ja nur blödes ödipales Zeug.« Gewiß ist es *auch* eine ödipale Geschichte, die an sich zur Entwicklung gehörende Situation eines fünfjährigen Mädchens, das in einem Dreiecksverhältnis zwischen Vater und Mutter steht. In diesem Alter fühlt sich ein Kind vom gegengeschlechtlichen Elternteil besonders angezogen und rivalisiert mit dem gleichgeschlechtlichen Elternteil, ist auf diesen eifersüchtig. In dieser Situation befand sich natürlich auch Doris, und insofern hat sie nicht das Recht, von einem »blöden ödipalen Zeug« zu sprechen. Doris muß korrigiert werden: Erstens ist die ödipale Situation nicht »blöd«, und zweitens ist es für das Erleben von Doris ausschlaggebend, daß es sich in der Beziehung zu ihrem Vater nicht *nur* um eine ödipale Geschichte handelt. Offenbar war der Vater, wie wir schon sahen, ein eher labiler Mensch, auf den man sich nicht verlassen konnte, den man stets schonen mußte, so daß seine Tochter die Art, wie er mit ihr umging, eben als ein Angelockt- und Fallengelassenwerden erleben mußte.

Die Mutter anderseits sagte immer: »Sei doch ein liebes Kind; wenn du ein böses Kind bist, wollen wir dich nicht mehr, wir setzen dich in den Wald«, oder so ähnlich tönte es. So wurde Doris mit der Zeit zu einem total angepaßten Kind, äußerlich brav, innerlich aber völlig resigniert; die elterlichen Drohungen, sie werde ausgesetzt und verstoßen, hatten ihren eigenen Willen, aber auch ihre Wut gebrochen. Sie fühlte sich von den Eltern total manipuliert.

Ein Jahr etwa ist Doris in der Analyse, da steigt während der

Therapiestunde eine Erinnerung in ihr hoch: Sie sieht sich als etwa drei- oder vierjähriges Kind auf einem Waldspaziergang mit den Eltern. Unterwegs begegneten sie Bekannten. Da diese ohne Kinder waren, sprachen nur die Erwachsenen miteinander, und das Geplauder zog sich hin, so daß es dem Kind begreiflicherweise langweilig wurde. Die kleine Doris hatte Beeren an einem Brombeerstrauch entdeckt, die sie fürs Leben gern pflücken wollte. Natürlich wußte sie, daß sie das nicht tun durfte, um ihr schönes Kleidchen nicht zu beschmutzen. Da hielt sie es einfach nicht mehr länger aus und fiel prompt in den Strauch; das Kleid zerriß und bekam natürlich Flecken. Der Vater warf ihr einen ungeheuer bösen Blick zu und sprach lange Zeit – eine Woche mag es gewesen sein – kein einziges Wort mehr mit ihr, obwohl sie immer wieder flehend beteuerte, sie werde fortan nur noch brav sein. Den Blick des Vaters erlebte sie als gräßlich stechend, wie wenn er sie mit seinen Augen hätte umbringen wollen. Wären nicht andere Leute dagewesen, hätte er sie bestimmt zusammengeschlagen. Doris weint nun heftig und fühlt sich erbärmlich: »Der Vater und jene Leute verachteten mich grenzenlos; sie sagten, ich sei ein sehr, sehr böses Kind. Ich war fassungslos, denn ich wollte ja nichts Böses tun. Ich war immer völlig hilflos, doch manchmal versuchte ich, mit einem Jähzornanfall meinen Willen durchzusetzen. Aber der Vater reagierte immer äußerst heftig und maßlos: Einmal schloß er mich in einen finsteren, leeren Schweinestall und sagte mir, es gebe hier böse Geister und Teufel; ich hatte gräßliche Angst und litt Höllenqualen; alles war zudem auch noch so demütigend, und alles Flehen nützte nichts.«

Ein anderes Mal fällt Doris ein, daß sie als Kind lange Zeit mit den Eltern und Bekannten Sonntag um Sonntag ins Restaurant mußte. Sie langweilte sich dabei zu Tode. Sie bekam Süßigkeiten in reichlicher Menge, damit sie ja nichts sage; denn sie konnte nach Auffassung der Eltern ja doch nur etwas Dummes sagen. Während sie dies erzählt, verspürt sie ein mächtiges Bedürfnis nach Süßigkeiten. Sie bemerkt, als Baby sei sie dick und fett gewesen und habe doch verloren in die Welt geschaut. Aber sie habe jetzt, wo sie das erzähle, keinen gefühlsmäßigen Zugang dazu. Ich schlage ihr vor, ein Kissen zu nehmen; dieses wäre das Baby, das sie selber gewesen war. »Sie können versuchen, mit ihm zu sprechen«, ermuntere ich sie. Doris sagt, sie habe das Baby sehr gern, hasse es aber auch. Plötzlich weint sie heftig. Ich frage: »Hassen Sie das Baby, und warum?« Da bricht es aus Doris heraus: »Nein, nein, meine Mutter ist es, die sagt, daß sie das Baby haßt; *sie* will es nicht haben. Sie kann es aber vor sich selber nicht wahrhaben und tut darum so besonders fürsorglich.« Darauf weint Doris wieder lange und heftig. Sie verläßt die Stunde vorzeitig, völlig erschöpft. Sie kann die erschütternde Wahrheit über ihre Mutter, die ihr soeben aufgegangen ist, noch kaum fassen.

Später sagt Doris von der Mutter, diese habe sie nur insofern geliebt, als daß sie von ihrem Kind Besitz ergriff, es einengte und auffraß. Doris habe als Kind nie sich selber sein können. Sie habe die Mutter als gierig, ja pervers erlebt, in ihrem ständigen Bedürfnis, sie sich verfügbar zu machen, sie sich einzuverleiben. Wenn sich Doris einmal anders verhielt, als es die Mutter wünschte, sackte sie völlig zusammen und mußte von der Tochter getröstet werden, indem diese ganz die mütterliche Meinung übernahm. Das Bild, das Doris gebraucht, um diesen Vorgang zu schildern, ist sehr drastisch: Aus dem verschlingenden Polypen wurde ein hilfloses Baby, wenn sich Doris nicht ganz mit der Mutter identifizierte und es wagte, als eigenes Wesen in Erscheinung zu treten. Als Kind geriet sie durch das Verhalten der Mutter in panische Angst. Sie durfte also auch der Mutter gegenüber keine Aggressionen haben, sondern mußte sie schonen und Erbarmen mit ihr haben.

Wie groß ihre Angst vor dem Vater war, zeigte sich, als wir wieder einmal auf die Situation zu sprechen kamen, wo sie vom Vater in den Schweinestall gesperrt worden war. Ich bat Doris, die Geschichte in der Ich-Form zu erzählen. Nachdem sie lange geweint hat, sagt sie, sie habe solche Angst. »Wovor?« frage ich. »Ich habe so Angst, ich werde totgeschlagen, wenn ich in der Ich-Form erzähle. Ich habe so grauenhaft Angst vor dem Vater.« Dann weint sie wieder und bricht in Haßtiraden gegen den Vater aus: »Ich haß' dich, Vater, ich hasse dich grenzenlos; ich möchte dich auch so schlagen.« Dabei schlägt sie wie wild auf das Kissen. Jetzt konnte sie die Geschichte vom Schweinestall in der Ich-Form und in der Gegenwartsform erzählen. Doch am Schluß fällt sie wieder in die indirekte Rede und die Vergangenheitsform. Sie habe dem Vater versprochen, von nun an ganz lieb zu sein, damit er auch wieder lieb sei. Ich sage: »Sagen Sie dies Versprechen auch in der Ich-Form.« Doris weint: »Ich bin unendlich traurig. Ich kann es nicht sagen.« Darauf sage ich: »Sie müssen es auch gar nicht sagen. Ich wollte Sie nur erleben lassen, wie traurig es Sie jeweils machte, wenn Sie solche Versprechen machen mußten.« Darauf meint Doris: »Ja, zum ersten Mal verspüre ich diese Traurigkeit ganz intensiv.«

In der nun folgenden Phase wurde es Doris möglich, intensive Traurigkeit zu empfinden über dieses Kind, das sie gewesen war.

Ein Traum, der das Angelockt- und Fallengelassenwerden zum Thema hat

»Ich bin mit meinen Eltern und Freundinnen in T. Ich gehe mit einer blonden Freundin spazieren. Sie ist jung, unkompliziert und zieht viele Männerblicke auf sich. Wir gehen mit einem schwarzen, lieben Hund spazieren, im Gebüsch, den Fluß entlang. Jemand übergibt mir einen Brief von U. Der Brief hat viele, vielleicht zehn Seiten, und ich bin erstaunt, daß mir U. so viel schreibt, da ich noch keinen Brief von ihm bekommen habe. Er schreibt mir, wie er lebt, was er vorhat, daß er stets mit vielen Leuten zusammen aufregende Dinge erlebt. Bei jedem Satz, den er schreibt, spüre ich, daß er mir sagen will, für mich sei in seinem Leben kein Raum. Ich selbst weiß, daß ich in seinem Leben keinen Platz habe. Ich fühle mich traurig, stehengelassen; ich verachte mich und komme mir zutiefst wert-

los vor. Nun merke ich, daß ich vor dem Zelt meiner Eltern an einem Campingtisch sitze. Erst etwa vier Seiten des Briefes habe ich gelesen, und ich bin brennend neugierig darauf, was noch kommt in dem Brief; denn ich habe immer noch die Hoffnung, daß alles Erahnte nicht wahr ist und am Ende des Briefes doch noch so etwas von Zuneigung zu mir steht. Doch ich kann den Brief nicht weiterlesen und wache auf. Am ganzen folgenden Tag bin ich sehr traurig.«

Was für Einfälle hat die Träumerin zu ihrem Traum? »Die blonde Frau, mit der ich zu Beginn zusammen bin, hat all das, was mir fehlt, und kann ganz natürlich damit umgehen. Sie ist jung und unkompliziert und offenbar attraktiv, denn sie zieht viele Männerblicke auf sich. Ich hingegen bin eben kompliziert und kann mich nicht einfach so umschwärmen lassen; ich verspüre immer einen starken Hang nach Verschmelzung, wenn ein Mann mir zeigt, daß er mich attraktiv findet und begehrt. Auch habe ich immer wieder diese Angst, nur angelockt- und wieder fallengelassen zu werden.« U. war ein Fachlehrer von Doris gewesen, der sie mochte; doch da es im privaten Kontakt nicht gutging, wechselte sie den Lehrer. Zu dem Gefühl der tiefen Trauer und Wertlosigkeit, das sie im Traum verspürt, meint sie, einerseits wiederhole sich dies Angelocktwerden und Fallengelassenwerden ständig, anderseits gibt sie zu, daß sie gerade von solchen Männern wahnsinnig fasziniert sein kann, die sie heute sehr begehren und morgen wieder fallenlassen. So sei es ihr mit ihrem Mann und auch mit andern Männern gegangen. Aber nun erkennt sie, daß die Männer nicht einfach generell »so« sind, wie sie sie erlebt, sondern daß sie unbewußt eine entsprechende Wahl trifft.

Tatsächlich ist der Brief von U. wie eine Untermalung und Bestätigung für »ihr« Thema vom Angelockt- und Fallengelassenwerden. Dieses Thema ist wie eine fixe Idee in Doris. Sie sucht diese fixe Idee in jeder ihrer Beziehungen bestätigt zu bekommen. Ähnlich geschah es ja auch in der Übertragung zum Therapeuten zu Beginn der Analyse.

Dabei ist Doris selber eine Frau, die Männer faszinieren kann und gern deren Blicke auf sich lenkt. Irgendwo ist sie ein recht ausgeprägtes Weibchen. Aber das muß ihr erst vom Unbewußten gezeigt werden; denn sie erlebt sich ja nur als armes Opfer von böser Männerwillkür. Daß sie den Vater so sehr als den sie anlockenden und dann fallenlassenden Geliebten erlebt, zeigt, daß sie sich sehr stark nicht nur als sein Kind, sondern eben auch als weibliches Wesen erlebte, das eigentlich den Anspruch erhob, des Vaters Prinzessin zu sein.

Mit dem Gesagten will ich andeuten, daß die pathogene Umgebung von Doris, vor allem ihre Eltern, zwar weitgehend verantwortlich sind für das sich wiederholende Drama der Patientin. Sie sind aber nicht Alleinverschulder; denn vieles liegt sicher auch an der Konstitution, die Doris mit auf die Welt brachte.

Traum nach Wiederaufnahme der Therapie

Die Analyse von Doris dauerte genau drei Jahre, wobei ich sie wöchentlich zweimal sah. Dann wurde eine Unterbrechung vereinbart, da Doris nun einmal versuchen wollte, auf eigenen Füßen zu stehen. Knapp zwei Jahre später kam es zu einer Wiederaufnahme der Therapie, bis sie ein halbes Jahr später definitiv beendet werden konnte. In dieser letzten Therapiephase ging es Doris entschieden besser; sie konnte ihre Gefühle spüren und ihnen Ausdruck verleihen; sie wirkte viel lebendiger; sie hatte eine größere Toleranz erworben und konnte besser mit Kränkungen umgehen; sie war voll daran, sich mit ihren beiden Kindern ein selbständiges Leben aufzubauen.

Aus dieser zweiten Therapiephase gebe ich nun zwei Träume wieder. Der erste lautet so:

»Ein Kriminalfall wird mir erzählt: Jemand hat auf mehrere Personen geschossen und dabei einen ganz speziellen Feind tödlich getroffen. Nun soll diese Geschichte wiederholt wer-

den: Meine Mutter gibt auf verschiedene Personen Schüsse ab. Sie zielt auch auf mich, sagt aber gleichzeitig, ich solle in Dekkung gehen. Ich liege nahe an einer Mauer und kann mich nicht weiterbewegen. Ich bekomme einen Schuß in den Nacken. Mein jüngerer Sohn pflegt mich und zieht das Projektil aus der Wunde. Ich bin also nicht schwer getroffen, weiß aber, daß ich die Rolle der tödlich Getroffenen auf mich nehmen muß. Ich fühle mich unendlich elend und sage, daß ich sterben muß. Ich sage dies zu meiner Mutter. Doch sie nimmt mein Schreien nicht wahr und ist wie eine Irre mit dem Reinigen der Wohnung beschäftigt. Die Mutter ärgert sich sehr darüber, daß ich mich so aufbäume, hält aber in ihrem Wahnsinnseifer keinen Augenblick inne. Ich erwache schweißgebadet.«

Die erste Szene ist sehr dunkel und verschleiert. Sie wiederholt sich alsdann mit dem Unterschied, daß aus den unbekannten Personen bestimmte, bekannte Personen werden: die Mutter von Doris und Doris selber. Die Wiederholung hat sich immer neu ereignet in ihrem Leben. In der Kindheit erlebte sie die Mutter als verneinende, abwertende Instanz; sie fühlte sich selbst völlig wertlos und nichtig und übertrug diese Werturteile auf die Tochter. Aussprüche wie: »Das kannst du doch nicht« oder »Was willst du auch« oder »Das ist nichts für dich« folgten Schlag auf Schlag, so zum Beispiel auch bei der Berufswahl. Doris verspürt nun in der Besprechung eine große Wut auf ihre Mutter, etwas, was sie früher nie zulassen konnte. Doch, und das ist sehr wichtig, sie bleibt bei der Wut nicht stehen und macht die Mutter nicht zum großen Sündenbock, sondern erkennt, daß sie die Mutter selber in sich trägt, indem sie sich ständig selber abwertet und für nichtig hält und zudem Gefahr läuft, diese Tendenz an ihre Kinder weiterzugeben. Die Mutter wirkt im Traum ambivalent: Einerseits ist sie sehr aggressiv und schießt auf die Tochter; anderseits ruft sie ihr zu, sie solle in Deckung gehen. Sie verspürt mit anderen Worten den Wunsch, das Kind vor der eigenen Aggressivität zu schützen. Ob das in Realität auch so war, ist ungewiß; sicher ist, daß diese innere Mutter nicht eindeutig negativ ist. Doris wird getroffen, aber sie hat Glück; der Schuß bleibt im Nacken stekken. Es ist, wie wenn ihr Nacken einen harten Schutzwall bilden würde. Hätte das Projektil durchgeschlagen, wäre das Halsmark oder das verlängerte Rückenmark des Gehirns getroffen worden, und das hätte äußerst schlimme, ja tödliche Folgen gehabt. Daß der Schuß im Nacken steckenblieb, mag ein Hinweis auf ihre Hartnäckigkeit sein, die ihr half, ihr Kindheitstrauma durchzustehen.

Aber Doris muß im Traum die Rolle der tödlich Getroffenen auf sich nehmen. Sie muß, wenn auch nicht im physischen Sinn, sterben. Dies könnte bedeuten, daß sie lernen muß, das Verhalten, das sie mit der Mutter gemeinsam hat und unter welchem sie als Kind so gelitten hat, zu verlieren. Jeder Sterbeprozeß, und sei er noch so fruchtbar, erzeugt aber große Angst. Zum Reinigungswahn der Mutter sei gesagt: Sie wollte immer nur die Reine, die Brave und Unschuldige sein. Sie erlebte sich stets als Opfer und identifizierte sich mit der Opferrolle. Von ihrer Tochter Doris verlangte sie dasselbe, und diese identifizierte sich denn ja auch mit der Mutter. Als Kind wollte Doris nur immer noch braver und lieber sein; wir erinnern uns an das Märchen vom Mädchen ohne Hände. So sehr war die Mutter im Traum mit dem Reinhalten der Wohnung, des Lebensraumes, beschäftigt, daß sie die leidende und schreiende Tochter gar nicht wahrnahm. So hatte auch Doris selbst ihr Leid lange Zeit, eigentlich bis in die Zeit der Analyse, nicht wahrgenommen und war nur stets mit ihrer Reinwaschung beschäftigt gewesen, was dann zur Depression geführt hatte.

Auch dieser Traum zeigt deutlich, daß man nicht nur auf der Objektstufe, wo die Mutter im Traum die persönliche Mutter der Träumerin meint, deuten muß, sondern ebensosehr auf der Subjektstufe, wo die Mutter dann als eigene, innere Seite gesehen und erlebt werden kann.

Der Schlußtraum: Die Erlösung aus der Depression

Man soll und darf immer kritisch sein, wenn man von einem Happy-End einer Analyse oder Therapie hört. Vor allem gibt es kaum je ein eindeutiges Happy-End auf der ganzen Linie bei einer Neurose wie der narzißtischen Persönlichkeitsstörung. Wir werden uns später noch eingehender diesem Thema widmen. Auch bei Doris ist bei Therapieende längst nicht alles erlöst und geheilt. Es bleiben unheilbare Wunden und daneben besserungsfähige Anteile zurück. Trotzdem ist Doris nach den gut fünf Jahren seit dem Beginn der Analyse eine andere, viel positiver im Leben stehende Frau geworden, und der Erlösungstraum, den ich gleich erzählen werde, ist wirklich sehr schön:

»Zuerst bin ich in einem Restaurant. Dort sitzt eine Wahrsagerin in rotem Kleid. Ich frage sie, was sie über meine Zukunft und überhaupt über mich weiß. Sie schaut mich sehr bedeutungsvoll an und spricht in einer fremden, mir unverständlichen Sprache.

Dann bin ich im Nebenraum desselben Lokals. Es sind viele Leute da, und der Tod wird erwartet. Wie der Tod auftritt, wird die Stimmung dunkel, unheimlich und angstgeladen. Mein jüngerer Sohn, einige andere Leute und ich bilden mit dem Tod einen Kreis und tanzen eine Art Totentanz. Nun muß jeder Tanzende in der Mitte des Kreises einen Solotanz ausführen. Wen der Tod während des Tanzes berührt, muß weg ins Totenreich. Der Tod hat inzwischen von seiner schrecklichen Wirkung auf mich verloren; er ist nicht mehr so mysteriös. Nun kommt die Reihe an mich, doch ich habe von Anfang an das Gefühl, er sei an mir nicht interessiert. Trotzdem mache ich während des Tanzes mit den Armen seltsame Kreisbewegungen, so daß es ihm gar nicht möglich ist, meine Hände zu fassen. Aber er versucht es auch gar nie, und der Tanz geht zu Ende. Nachher trete ich aus dem Kreis, und es kommt ein älte-

rer Mann auf mich zu mit einer starken Ausstrahlung, und es scheint, als hätte er schon lange auf mich gewartet. Nun tanzen wir zusammen auf den beleuchteten Teil des Raumes zu. Ich fühle mich wie neugeboren, unheimlich entlastet und lebendig.«

Doris erlebte diesen Traum als außerordentlich wichtig, und er übte eine sehr nachhaltige Wirkung auf sie aus.

In der ersten Szene möchte Doris von der Wahrsagerin Auskunft über ihr Wesen und ihre Zukunft. Doch die Antwort erfolgt in einer fremden, ihr unverständlichen Sprache, wie dies so oft in Träumen geschieht. Dies bedeutet, daß die Antwort für die Träumerin noch nicht faßbar ist. Erst die zweite Szene bringt mit einem eindrücklichen Bild die Aufschlüsselung. Wenn der Tod im Traum erscheint, kann er eine konkrete Vorbereitung auf das nahe Ende bedeuten; dies ist aber nur bei Menschen der Fall, die körperlich krank sind und bald sterben werden. Andernfalls ist der Tod im Traum ein eminent starkes Wandlungssymbol: Etwas im Träumer muß sterben, damit sich etwas Neues entfalten kann. Es ist das große Thema des »Stirb und Werde«, wonach sich eine Wandlung, etwa der Eintritt in eine neue Lebensphase, das Entstehen einer wichtigen Beziehung oder eine innere Entwicklung nur dann vollzieht, wenn das Alte stirbt und vergeht. Der Kreistanz ist eine rituelle Zirkumambulation und hatte ehedem eine tief religiöse Bedeutung. Er diente magischen Zwecken oder stand im Dienst von Wandlungsriten (rites de passage), zum Beispiel bei der Pubertätsinitiation oder der Eheschließung. In mystischen Religionen, zum Beispiel im Islam, wo es die Derwischtänze gibt, gleicht der Kreistanz dem Tanz des Falters um die Flamme oder dem Kreisen der Sonnenstäubchen um die Zentralsonne. Der Tanz ist somit mystischer Tod und mystische Auferstehung in einem, ein faszinierendes Symbol für das ewige »Stirb und Werde«. Der Totentanz insbesondere erinnert einerseits an Sterben und Tod (memento mori!); anderseits zeigt ein Brauch, wie er in Deutschland seit dem 15. Jahrhundert nachweisbar ist, daß der Totentanz ganz besonders in die Symbolik des »Stirb und Werde« hineingehört: Der Tänzer, der einen Toten darstellt, wird durch die Küsse einer Tänzerin zum Leben wiedererweckt.

In unserem Traum tritt Doris aus dem Bannkreis des Todes hinaus und trifft auf einen älteren Mann, der anscheinend schon lange auf sie gewartet hat. »Es ist, als hätte ich schon lange auf dich gewartet« oder »Es ist, als hätten wir uns schon immer gekannt«, das sind Ausdrücke des Erstaunens von Menschen, die einander erst gerade begegnen und denen ist, als würden sie sich schon seit einer Ewigkeit kennen, oder solchen, die sehr bald einmal spüren und wissen, daß sie ganz zueinander passen. So scheinen auch Doris und der ältere Mann zusammenzugehören, aber es brauchte eine lange Zeit, einen langen Prozeß, bis es zur Begegnung kommen konnte. Der ältere oder alte Mann verkörpert in Doris selber etwas Reifes und Weises; in der Symbolsprache von C. G. Jung nennt man ihn den »alten Weisen«, wie er uns in zahllosen Märchen begegnet. Mit dem »alten Weisen« tanzt Doris nun auf die lichte Seite des Raumes zu und erlebt dabei intensiv das Gefühl, entlastet, lebendig, wie neugeboren zu sein.

Doris hat in diesem Traum eine Todeserfahrung gemacht; aber sie muß nicht ins Totenreich; ihre Seele wird im Gegenteil lebendig. Das ist ihr »Stirb und Werde«, ihre Wandlung und, natürlich immer relativ und nicht absolut gemeint, ihre Erlösung.

2. Kapitel

Die Palette der Symptome bei der narzißtischen Depression

Die Therapiegeschichte von Doris hat uns einen typischen Fall einer narzißtischen Depression aufgezeigt. Zusammen mit anderen, weniger ausführlich dargestellten Fallbeispielen wollen wir nun versuchen, die Palette der Symptome bei einer narzißtischen Depression herauszuarbeiten.

Die narzißtische Depression ist eine *Neurose* und als solche das klinisch wichtigste Bild der *narzißtischen Persönlichkeitsstörung*. Im Gegensatz zur klassischen Neurose ist die narzißtische Persönlichkeitsstörung ein Spezialfall einer konflikthaften psychischen Fehlentwicklung. Hier treten klassische Neurosesymptome wie Angst, Zwangserscheinungen, Hysterie mehr in den Hintergrund. Statt dessen dominieren gewisse depressive Symptome, wie das Gefühl einer inneren Leere, Arbeitsunlust, unspezifische Ängste, Störungen in den Beziehungen zu anderen Menschen, Schwierigkeiten, die eigenen Gefühle und Bedürfnisse wahrzunehmen und zu leben, und Größenphantasien bei einer zugrundeliegenden Persönlichkeitsstruktur, die tief geprägt ist von Selbstunsicherheit und einer sehr mangelhaften Balance des Selbstwertgefühls. Wenn wir im folgenden das Krankheitsbild der narzißtischen Depression vorstellen wollen, so beschreiben wir gleichzeitig die narzißtische Persönlichkeitsstörung überhaupt; man könnte sagen, letztere werde in der Regel manifest, deutlich, als narzißtische Depression. Zum Bild der narzißtischen Persönlichkeitsstörung gehören aber mindestens ebenso viele *narzißtisch Grandiose*, wenn nicht viel mehr, das heißt narzißtisch gestörte Menschen, die ihr eigentlich sehr schwaches Selbstwertgefühl mit Größenphantasien zu kompensieren vermögen. Nur landen diese Menschen in der Regel weit seltener in der Praxis des Psychotherapeuten.

Die narzißtische Depression ist also eine manifeste, das heißt *klinisch faßbare Neurose*; die zugrundeliegende narzißtische Persönlichkeitsstörung resultiert wahrscheinlich wesentlich aus einer konfliktgeladenen seelischen Fehlentwicklung, welche in die Kindheit zurückreicht. Wir werden aber in einem späteren Kapitel, wenn von den Hintergründen und »Ursachen« die Rede ist, sehen, daß es im Einzelfall sehr schwierig sein kann, zwischen der Konstitution, die man mit auf die Welt bringt, und den (früh-)kindlichen Milieueinflüssen zu unterscheiden. In jedem Fall ist es von äußerster Wichtigkeit, daß dem normalen Bedürfnis nach Zuwendung und Zuneigung, nach Wärme und Geborgenheit, der Möglichkeit, sich in der liebenden Bezugsperson zu spiegeln und dabei doch als eigenes Wesen mit seiner Eigenart wahrgenommen zu werden, Rechnung getragen wird. Und es scheint, daß die phasengerechte, adäquate Befriedigung dieser Bedürfnisse entscheidend ist für die Entwicklung eines gesunden Selbstwertgefühls. Ich nenne dieses Bündel von Bedürfnissen den *normalen Narzißmus*, wie ihn jeder Mensch aufweist. Wo nun die beschriebene Art der Zuwendung fehlt oder wo das Gegenteil der Fall ist, nämlich daß ein Kind sich so zu entwickeln hat, wie seine ehrgeizigen Eltern, die sich in ihrem »Wunderkind« wiederfinden möchten, es sich wünschen, kommt es zu den Fehlentwicklungen, von denen in der Folge die Rede sein wird.

Innere Leere

Wir erinnern uns an *Doris'* Traum von der psychiatrischen Anstalt: Sie flieht und kann fliegen, landet aber in einer trostlosen, mausgrauen und traurigen Stadt. Dort ist sie wie ausgelöscht und kraftlos. Dieses Traumbild entspricht ihrer inneren Leere, der Trostlosigkeit, in der sie sich befindet und in der sie alles grau in grau sieht. Doris schildert ihren Zustand allerdings erst einige Monate nach dem Therapiebeginn als depressiv, das heißt, ihre Niedergeschlagenheit wird ihr erst mit der Zeit *bewußt*. Die trostlose innere Leere zeigt aber, daß die Depression schon von Anfang an bestanden hat und sicherlich zum Auslöser für eine Therapie wurde.

Ich erinnere mich auch an einen Patienten, einen beruflich sehr erfolgreichen Mann, der sich zu Beginn der Therapie seiner Depression nicht bewußt war. Aber *da* war sie auf jeden Fall; denn er klagte, alles sei ihm zuviel, widerwärtig und nichts laufe richtig. Er erlebe die vergangenen Jahre seines Lebens als völlig neben dem Geleise. Jetzt verspüre er seine Existenz nur als leer und sinnlos und habe das Gefühl, es sei alles umsonst gewesen.

Die innere Leere ist ein zentrales Leitsymptom der narzißtischen Depression. Sie äußert sich darin, daß die Menschen über Arbeitsunlust, ja Arbeitshemmung sowie über Freudlosigkeit des Daseins überhaupt klagen. Sie wirken denn auch stumpf, passiv, kraftlos, außerstande, sich über irgend etwas zu freuen, und eigentlich ohne wirkliches Engagement dem Leben gegenüber. Die innere Leere erweckt den Eindruck von Hilflosigkeit, und nicht selten sind auch Angehörige, Freunde und auch Therapeuten hilflos, wenn sie der oft verzweifelten Ohnmacht, die die innere Leere beim narzißtisch Depressiven bewirkt, gegenüberstehen.

Vielen Menschen dringt die Tatsache, daß sie innerlich leer sind, nicht einmal ins Bewußtsein, da sie gewohnt sind, ihre Gefühle zu verdrängen. So überspielen sie die Leere, indem sie ständig etwas vorhaben. Sie geben sich betriebsam und sind innerlich rastlos. Sie bringen es sogar fertig, daß man von ihnen den Eindruck gewinnt, sie seien besonders aktiv und dynamisch. Sie rennen von einem Termin zum anderen, geschäftlich wie privat, und erwecken dadurch den Eindruck, voll im Leben und voll in ihrer Arbeit zu stehen.

Doch der Schein trügt. Blickt man hinter die Fassade eines solchen Menschen, was oft erst dem zu Rate gezogenen Psychotherapeuten gelingt, offenbart sich eine trostlose, gähnende Leere. Näheres Beobachten ergibt, daß bei diesem Menschen vieles rein mechanisch abläuft: Die Haltung, die Gestik, die Mimik, die Art, wie er spricht, der ganze Mensch wirkt irgendwie blutleer und gestellt. Auch wenn er bestens funktioniert, ist er eigentlich ein unlebendiger Mensch. Lebendigsein bedeutet doch, sich wirklich ins Leben zu geben, so zu sein, wie man ist, und nicht scheinen zu wollen, wie man gerne wäre, mit echter Dynamik und Begeisterung erfüllt zu sein, vom Leben lernen zu wollen und den inneren Wachstumsprozessen gegenüber geöffnet zu sein.

Die innere Leere eines Patienten wirkt ansteckend. Es ist wichtig, dies zu wissen, denn es kann dem noch unerfahrenen Therapeuten passieren, daß er die ihn schockierende Beobachtung machen muß, daß er sich während der Sitzung zu langweilen beginnt, plötzlich bleiern müde wird und selber von einem Gefühl der Sinnlosigkeit und Leere erfaßt wird.

Noch in Unkenntnis dieser Zusammenhänge fiel mir vor Jahren bei der Patientin *Maja* immer wieder auf, daß ich trotz Mitgefühl und anfänglicher Aufmerksamkeit im Verlauf der Stunde meist große Langeweile zu verspüren begann und zunehmend schläfriger wurde. Dies entsprach meinem inneren Bild vom aufmerksam zuhörenden Therapeuten überhaupt nicht und war mir peinlich. Dazu kam, daß Maja von Kindheitserinnerungen sprach, was mich in der Regel besonders interessiert. Was mochte das sein? Ich suchte nach Erklärungen bei mir; vielleicht war ich wirklich einfach müde, vielleicht war es das Wetter? Starke Schuldgefühle überkamen mich, weil ich mehr und mehr gegen den Schlaf ankämpfen mußte. Plötzlich kam mir die Idee, daß es ja gar nicht nur an mir zu liegen brauchte, wenn ich so schläfrig wurde, sondern auch mit Maja zusammenhängen könnte. Und dann hatte ich es: Sie war gar nicht richtig da bei dem, was sie erzählte, jedenfalls nicht mit dem Herzen. Nur vom Kopf her sprach sie aus dem Gedächtnis, ohne inneres Engagement. Sie stand ja gar nicht in Beziehung zu ihren Erinnerungen, sie sprach einfach *über* ihre Kindheit. Als ich diesen Vorgang begriffen hatte, wurde ich sogleich hellwach und konfrontierte Maja, indem ich zu ihr sagte: »Sie sind ja gar nicht wirklich da; ich spüre Sie überhaupt nicht; nur Ihr Kopf redet etwas daher. Ich merke es daran, daß ich mich langweile und sehr müde werde.« Maja erschrak sehr, gab dann aber zu, daß sie rein mechanisch gesprochen habe, weil sie nur wiedergab, was sie sich zuvor zu Hause für die Stunde überlegt hatte. Sie hatte so versucht, ihre innere Leere mit einem gut präparierten Redeschwall zu übertönen.

Ganz ähnlich erging es mir mit der Patientin *Franziska*. Die Stunden mit ihr waren immer wieder »erfüllt« von einer hoffnungslosen Leere. Franziska sagte fast nichts, fühlte sich aber am Schluß der Stunde meist viel wohler und erleichtert, obwohl auch ich meistens schwieg, als ob sie ihre Last bei mir hätte deponieren können. So schrieb ich einmal in meinen Notizen nach der Sitzung: »Immer dasselbe bei ihr; sie kommt vielleicht noch recht aufgeräumt, wird aber während der Stunde vom Gefühl einer großen Ohnmacht und Leere beherrscht. Dann, auf dem Heimweg, erzählt sie, fühle sie sich in der Regel erleichtert und entspannt. Sie hat auch schon gesagt, sie bekomme von mir viel Kraft. Dabei sage ich ja fast nichts, tue nichts, außer daß ich da bin. Und ich selber bin während der Sitzung grenzenlos frustriert. Es ist wirklich, als wenn ihre Gefühle der Leere auf mich übergingen. Es findet in der Gegenübertragung ein Austausch statt. Sie tankt bei mir auf, und ich werde müde und schläfrig.«

Vielen Menschen wird ihr innerliches Leersein erst in der Mitte ihres Lebens, beim Eintritt in die zweite Lebenshälfte bewußt. Während der ersten Jahre oder sogar Jahrzehnte ihres

Erwachsenenlebens gelingt es ihnen, ihre innere Leere zu überspielen; es ist dies ja auch eine Lebensphase, in der alles noch in der Expansion begriffen ist; die physischen Kräfte sind oft noch völlig intakt; Familiengründung und beruflicher Aufstieg stehen im Brennpunkt des Interesses. Dann aber, in der Zeit der *Lebenswende*, melden sich die Fragen nach dem Sinn des Lebens wie nie zuvor. Es kommt die Zeit, Bilanz zu ziehen, und viele Menschen geraten dann in eine ernstliche Krise. Die Brüchigkeit vieler Lebensumstände wird ihnen so recht bewußt; der sogenannte Erfolg erweist sich als ambivalent, oft auch die Partnerschaft, und der Körper beginnt erste Alterserscheinungen aufzuweisen. Man kommt nicht mehr darum herum, sich der Reduktion der psychischen und physischen Kräfte bewußt zu werden. Diese Krise der Lebenswende ist oft geprägt vom Gefühl, in der Vergangenheit versagt zu haben. Angst, auch die Gegenwart und die noch bevorstehenden Jahre nicht richtig nutzen zu können, drängt sich bei vielen in den Vordergrund. Angst auch, am eigentlichen Leben vorbeigelebt zu haben in einer nicht wiedergutzumachenden Weise. Jetzt ist die innere Leere meist nicht mehr zu verdrängen, und oft ist dies der Zeitpunkt, da die narzißtische Depression manifest wird.

Die Unfähigkeit, Gefühle zu leben

Eine andere charakteristische Störung, welche zur narzißtischen Depression gehört, ist im Gefühlsbereich angesiedelt. Man hat dafür das Schlagwort »Gefühlsarmut« geprägt, doch wird dieser Ausdruck dem eigentlichen Geschehen nicht in genügend differenzierter Weise gerecht. Es scheint zwar, als seien diese Menschen arm an Gefühlen; in Wirklichkeit ist es aber so, daß viele Gefühle nur verdrängt oder mangelhaft ausgebildet sind. Da die innere Leere dominiert, erscheint es, als sei das Gefühlsleben dieser Menschen eher stumpf und arm. Es scheint, als seien sie zu Gefühlen wirklicher, tiefer Freude oder echten Schmerzes gar nicht in der Lage, als komme nichts richtig von Herzen. Am wenigsten fremd sind ihnen die aggressiven Gefühle. Ärger und Wut gehören zu den Gefühlen, die am schwersten verdrängt werden können. Man wird von ihnen in gewissen Momenten einfach überschwemmt in Form von heftigen Emotionsaufwallungen.

In der Therapie zeigt sich immer wieder, wie fremd diesen Menschen ihr eigener Gefühlsbereich eigentlich ist und wie schwach die Beziehung, die sie zu ihm haben. Es hat mich schon oft erschüttert – ich erinnere an Maja –, wie distanziert sie zum Beispiel von schweren Kindheitserinnerungen berichten. Was sie erzählen, kann sehr bedrückend sein, aber in ihrer Darstellung ist von all dem Schmerzlichen nichts zu spüren. Ebensogut könnten sie von einem anderen Menschen erzählen, der sie gar nicht besonders viel angeht. Werden sie auf diese Diskrepanz hin angesprochen, so rechtfertigen sich viele damit, es sei doch dumm oder es passe einfach nicht zu ihnen, Gefühle zu zeigen.

Erinnern wir uns an *Doris*: Sie ist ein Kopfmensch mit stark verkümmerten Gefühlen. Unter einem Kopfmenschen verstehe ich in diesem Zusammenhang nicht eine Person, bei der das Gefühlsleben von Natur aus sozusagen wenig Platz beansprucht, sondern jemanden, der den Zugang zu seinen wahren Gefühlen verloren hat. Es brauchte bei Doris eine geraume Zeit, bis sie erstmals wieder das Gefühl der Trauer erleben konnte. Später begegnete ihr auch das Gefühl der Verlassenheit wieder neu. Als sich ihre tief verdrängten Gefühle zu zeigen begannen, kamen auch andere wieder um so stärker in ihr auf: Sie erlebte eine unendliche Sehnsucht nach jemandem, der sie liebt und fraglos annimmt, der sie in die Arme schließt, ohne sie zu manipulieren oder zu erdrücken. Sie wünscht sich auch, wieder ein Kind zu sein. In ihrer Phantasie sehnt sie sich zurück nach einem Kindheitsparadies ohne Verantwortung. Manchmal sind ihre Gefühle richtig abgespalten; nur mit dem Kopf ist sie da in der Stunde, und doch möchte etwas laut herausschreien aus ihr. Sie regrediert, ist voller Traurigkeit, dann hat sie wieder Wutausbrüche gegen ihre Eltern und befindet sich in einem richtigen Gefühlschaos; das alles ereignet sich immer wieder in den Stunden. Sie beginnt den Unterschied zwischen depressiver Niedergeschlagenheit und wirklichem Traurigsein allmählich deutlich zu spüren. Es gibt sie, die Momente, da sie einfach traurig ist, doch meist – zumindest in der ersten Therapiephase – ist es in ihr leer, öde und stumpf, scheinbar gefühllos. Diese Trostlosigkeit und Leere, diese Teilnahmslosigkeit und das Abgespaltensein von ihren Empfindungen spürt Doris besonders deutlich in jenem eindrucksvollen Traum, da ihr ein Mann vorschlägt, ihre Hände abzuhauen.

Bei *Maja*, der Patientin, von der ich bereits erzählte, war ein deutliches Merkmal, daß sie sich auf die Therapiestunde vorbereitete und eigentlich nur wiedergab, was sie sich vorgenommen hatte. So war sie bei ihren Erzählungen dann eben auch nur mit dem Kopf anwesend. Erst mit der Zeit stellten sich Gefühle ein. So konnte sie traurig sein, Wut empfinden und auch echte Freude. Ich betone das »echt«, weil es für sie neu war, eigene Gefühle zu haben, da sie früher immer die Gefühle anderer Menschen leben wollte. In der Kindheit waren es diejenigen ihrer Eltern, im Erwachsenenalter diejenigen ihres jeweiligen Freundes. Sie wurde von jeher beherrscht von einem unendlich intensiven Verschmelzungswunsch, das heißt dem Wunsch, in einem anderen Menschen total aufzugehen. In der Therapie wurde es ihr mit der Zeit bewußt, daß niemand wirklich die Gefühle eines anderen Menschen leben kann. Man kann sich zwar bis zum äußersten anpassen, und dann erscheint es, als sei man mit dem anderen sozusagen identisch; aber diese Anpassung führt im Negativen dazu, daß man sich selber unbewußt auslöscht und so den Zugang zu sich selber und zu den eigenen Gefühlen verliert.

Eine andere, ebenfalls noch jüngere Patientin, *Monika*, hatte seit frühester Jugend gelernt, ihre Gefühle zu verdrängen. Auch sie entwickelte sich zu einem ausgesprochenen Kopfmenschen. Sie hatte große Angst vor ihren Gefühlen und allem, was damit zusammenhängt, zum Beispiel vor starken Gefühlsbindungen. Eines Tages fragte sie zögernd, ob wohl ihre intensiven

Meditationsübungen eine Flucht aus dem für sie unerträglichen Leben seien. Sie übte sich zu Hause täglich während geraumer Zeit in der Meditation und besuchte oft auch Kurse in Zen-Meditation mit dem Wunsch, sich von ihrer Gefühlswelt loszubinden. Sie hoffte, dank dieser Übungen den sie bedrängenden und trübseligen Alltag besser zu bestehen. In Wirklichkeit lebte sie auf diese Weise aber nur noch mehr an sich selbst vorbei und wurde nur noch unlebendiger und unglücklicher. An ihrem Beispiel sehen wir deutlich, daß intensive Meditation nicht allen Menschen zuträglich ist und bei neurotisch gestörten Personen zuvor oder begleitend eine Psychotherapie vonnöten ist.

Monikas Flucht aus dem Alltag, den sie als unerträglich erlebt, ist verständlich, wenn man ihre Geschichte kennt, aber sie führt nicht zum Ziel und ist letztlich eine große Täuschung und Enttäuschung. Monika ist umgeben von einem Panzer, der keine Gefühle zuläßt. Sie sagt von sich selbst, sie sei gefühlsarm, ja gefühlskalt. Sie kann nicht traurig sein; sie kann nicht froh sein; manchmal verspürt sie über etwas leisen Ärger, aber kaum je eine wirkliche Wut; jedenfalls zeigt sie ihre Wut nicht, wenn sie sie hat. Einmal in einer Stunde äußert sie den bezeichnenden Satz: »Immer, wenn ich Gefühle investiert habe, wurde ich mißbraucht.« Diese Aussage, die Aufschluß über ihr Verhalten geben kann, muß natürlich hinterfragt werden. Wir werden darauf zurückkommen, wenn wir von den möglichen Ursachen der narzißtischen Depression sprechen.

Ich will nun noch den Fall eines 45jährigen Patienten näher beleuchten. *Robert* ist Direktor und ein Mensch, dessen Lebensprinzip immer die Leistung war, das Vorwärtskommen im beruflichen Sektor und das gesellschaftliche Prestige. Sein Hauptanliegen war es, sich nie und nirgends eine Blöße zu geben. Er ist der älteste von drei Brüdern. Die Mutter war eine sehr dominierende Persönlichkeit, streng, kalt, männlich. Robert lernte bei ihr von früher Kindheit an, daß es falsch war, Gefühle zu zeigen. Der Vater wirkte kraftlos und verzog sich in eine Ecke, wenn er nicht gerade bei der Arbeit war.

Bei Robert konnte man im Therapieverlauf den ständigen Wechsel zwischen schwer depressivem Gedrücktsein und Grandiosität beobachten. In der einen Stunde befand er sich in einem Hoch und sah nirgends Probleme, dafür war er aber, wie er sagte, völlig gefühlskalt, was ihn in jenem Moment aber nicht weiter zu belasten schien. In der folgenden Stunde befand er sich im tiefsten Loch, bereit, alles hinzuschmeißen und verspürte nichts als eine große Leere. Er klagte, nichts mache ihm Freude und er verspüre keinerlei Gefühle, weder für seine Frau noch für seine Kinder. Er habe überhaupt kein Interesse an Beziehungen, welcher Art auch immer, und sehe nicht den geringsten Sinn im Leben.

Nach außen lebte Robert ganz in der Fassade eines tüchtigen, anerkannten Managers; er ist ein Perfektionist und hat eine panische Angst, irgend etwas falsch zu machen.

Etwa in der Mitte seiner Therapie erzählte er folgenden *Traum*:

»Ich befinde mich im Elternhaus. Unsere beiden riesigen, zottigen Hunde sind auf der Straße. Ein winziges, rotes Personenauto fährt aufwärts; einer der Hunde steht direkt im Weg. Das Auto hupt, fährt dann langsam in den Hund und verschwindet völlig in ihm; das Knäuel kommt nach 50 Metern zum Stehen. Ich eile dorthin, sehe nur Fell und rufe zum Haus hin, man solle mir Kreide bringen, um die Unfallstelle zu markieren. Aus dem Knäuel meldet sich eine Frauenstimme, aber die Frau sehe ich nicht. Ich erwähne etwas von Polizei holen; da sagt die Frauenstimme, sie hätte natürlich gegenüber einem älteren Mann überhaupt keine Chance in einem Rechtsstreit. Ich frage, ob ich mit dem älteren Mann gemeint sei. Die Stimme sagt ja. Das enttäuscht mich. Dann sehe ich, wie jemand aus unserem Haus einen Reisbesen bringt.«

In diesem Traum fällt uns die Passivität des Träumers auf. Zunächst ist er nur Beobachter. Bei der Besprechung meint Robert, die Autolenkerin habe den Hund ganz gewiß gesehen; das Auto fuhr wie absichtlich in den Hund hinein und bildete nachher mit dem Hund ein Knäuel. Offenbar überschätzte die Lenkerin des kleinen Autos die Kraft ihres Vehikels; der Hund ist riesengroß, das Auto winzig klein: Die Situation wird im Traum sehr überzeichnet geschildert, und so fällt die Diskrepanz besser ins Auge. Die junge Frau entspricht dem (weiblichen) Seelenbild des Träumers und verkörpert den Gegenpol zu seiner intellektuellen, männlichen Seite. C. G. Jung nennt dies die *Anima*. Sie ist noch jung, was daraus hervorgeht, daß sie sich beschwert, des Alters wegen in einem Rechtsstreit keine Chance zu haben. Das ist natürlich ein Irrtum ihrerseits; denn sie ist ja wirklich im Unrecht, sah sie doch den Hund auf der Straße und fuhr dennoch in ihn hinein. Das rote Auto ist Symbol der *Triebhaftigkeit* des Träumers, die durch ihre Tendenz, sich rücksichtslos durchzusetzen, seine *Instinktseite*, verkörpert durch den großen, zottigen und sicher gutmütigen Hund, zerfetzt. Das ergibt eine heillose Verwicklung, einen richtigen Problemknäuel. So ist es auch im realen Leben des Träumers. Seine ehrgeizige Art, sich im Beruf zu einem hohen Posten hinaufzuarbeiten, hatte den Verlust seiner gemütshaften Seite und seiner Gefühle zur Folge, was sich in seinem Privatleben vor allem für seine Familie schmerzlich bemerkbar machte. Im Traum ist Robert selber ja auch ohne Gefühle; er will sich lediglich korrekt benehmen und verlangt eine Kreide, um die Unfallstelle zu markieren. Einziges Gefühl ist seine Gekränktheit, weil ihn die junge Frau herabsetzend zu einem älteren Herrn gemacht hatte. Mit dem Reisbesen soll die ganze Bescherung weggefegt werden; so kommt es zu keiner Auseinandersetzung. Dieses Verhalten hat Robert wohl von seinem Vater gelernt, der jedem Problem auswich mit den Worten: »Schwamm drüber!« Der Traum spielt sich ja auch im Elternhaus ab. Das bestätigt die Vermutung, daß Roberts Problematik aus der Kindheit resultiert und bis heute in ihm wirksam ist und sein ganzes Leben überschattet.

Solche Menschen neigen besonders stark dazu, ihre seelische Energie in ihre *Fassade* zu investieren. Anstelle des Gefühlslebens wird die Fassade zentral wichtig für sie. Seelische Energie in die Fassade investieren bedeutet, daß alles darangesetzt wird, der Umgebung, den anderen Menschen ein Bild von sich zu vermitteln, das so ist, wie man gerne wäre. In der Regel geschieht dies *unbewußt*, da diese Menschen sich ja mit ihrer Fassade identifizieren und somit auch vor sich selber ganz so zu sein scheinen, wie sie sich zu sein wünschen. Da sie sich überaus korrekt zu benehmen pflegen, haben sie beruflich auch gute Aufstiegschancen, was ihnen sehr wichtig ist, da sie meist ehrgeizig sind. Nicht selten entscheidet sich ein solcher Mensch für einen Beruf, in welchem er sich für andere einsetzen muß. Das hat damit zu tun, daß es ihm viel schwerer fällt, eigene Nöte, Ängste, Unzulänglichkeiten etc. zuzulassen, als sich um die entsprechenden Anliegen bei anderen zu kümmern. Natürlich wäre es zu einseitig und auch falsch, jeden Arzt, Pfleger, Therapeuten, Sozialarbeiter, Pfarrer oder Lehrer in seiner Berufung in Frage zu stellen und als Fassadenmenschen, der gerne Lorbeeren erntet, abzuqualifizieren; wir haben lediglich diese Berufe genannt, weil sie sich besonders gut eignen, die Entwicklung des eigenen Gefühlslebens hintanzustellen und dafür ganz im Dienst am Mitmenschen aufzugehen.

Wir haben diese Berufe aber auch genannt, weil wir an ihnen besonders gut aufzeigen können, wie uns die Gesellschaft dazu verführt, in erster Linie unser Image zu kultivieren. Menschen, die sich den sozialen Strukturen optimal anzupassen verstehen, gelten oft als bessere Mitbürger als jene, die, ihren eigenen Bedürfnissen folgend, nicht bereit sind, sich völlig dem Diktat einer bürgerlichen Ordnung zu unterwerfen. Ich denke dabei nicht an wirklich asoziales Verhalten, sondern an ein Verhalten, das man als eher individuell bezeichnen könnte.

Eine gewisse Anpassung an die Umwelt braucht jeder Mensch, und C. G. Jung nennt diesen Ausschnitt des Ichs die *Persona*. Darunter verstehen wir eine Art Maske, ohne die der Mensch völlig ungeschützt wäre. Mit einer normalen Persona versehen, »weiß man sich zu benehmen«, kennt und achtet

Sitten und Gebräuche, ohne sich im Kollektiv zu verlieren, aber auch ohne sich jedem Menschen, mit dem man zu tun hat, mit seinen innersten Anliegen zu erkennen zu geben wie ein Tor.

Es ist wichtig, sich vor Augen zu halten, daß die Persona das wirkliche Wesen des Menschen nur schützt, wohingegen die Fassade den wirklichen Menschen mit all seinen Unzulänglichkeiten zur Seite drängt und sich an deren Stelle setzt. Der narzißtisch gestörte Mensch, dem es nicht gelingt, sich in seinem Ichselbst zu entfalten, und der aus kompensatorischen Gründen seine gesamte seelische Energie in seine Fassade pumpt, »um doch nach etwas auszusehen«, ist in der großen Gefahr, hinter der Fassade derart zu verkümmern, daß er zusammenbricht, wenn ihm in der Therapie der Blick hinter die Kulissen ermöglicht wird. Und doch ist dies seine einzige Chance, wirklich nachzureifen; nur darf dies alles nicht abrupt geschehen, sondern es muß der Patient erst behutsam abgetastet werden, um die Möglichkeiten zu erforschen, die ihm erlauben, in sein wahres Wesen hineinzuwachsen. Der Begriff Fassade hat darum eher eine negative Bedeutung, weil es sich bei der Fassade um etwas Erstarrtes, Unbewußtes handelt. Ein Mensch kann sich wohl bewußt sein, daß er sich in gewissen Situationen hinter seiner Persona versteckt, wobei er sich selber dabei durchaus nah bleibt; in der Fassade leben heißt dagegen, eine Rolle zu spielen, ohne sich dessen bewußt zu sein, und sich mit dieser Rolle zu identifizieren. Auf der einen Seite haben wir also den Überangepaßten, den Fassadenmenschen; auf der anderen Seite den Menschen, der seine Maske vor sich hält, um sein Innerstes vor den andern Menschen, die ihm nicht so nahestehen, zu schützen. Je mehr sich der Mensch seiner Persona bewußt wird, desto differenzierter wird sie und desto weniger wird das wahre Ichselbst durch eine Fassade verdeckt werden.

Alle Patienten, von denen wir bisher sprachen, haben große *Angst, ihre Gefühle zu zeigen.* Sie neigen dazu, sie zu unterdrücken und nicht einmal mehr vor sich selber zuzulassen. Von frühester Kindheit an haben sie gelernt, sich gegen allzu schmerzhafte Verletzungen im Gefühlsbereich zu schützen. So schafften sie es, für seelisches Leid relativ lang unempfindlich zu bleiben.

Wir erkennen in dem Versuch, Gefühle sozusagen vorbeugend zu unterdrücken, eine Überlebensstrategie, die nur auf dem Hintergrund von wiederholten, schweren seelischen Verletzungen in der Kindheit zu verstehen ist. Ein Kind, welches in einem Familienklima heranwächst, das ihm seelisch aus irgendwelchen Gründen nicht gerecht werden kann, hat nur eine Waffe, wenn es geliebt werden will: sich anzupassen und innerlich möglichst nichts mehr an sich heranzulassen. So tritt mit der Zeit eine Art »gnädige Anästhesie« ein. Der Preis für diese Strategie besteht in der Einkapselung der Gefühle, so daß es später viel Zeit und Kraft braucht, um diesen Panzer aufzubrechen.

Die Störung des Selbstwertgefühls

Das Selbstwertgefühl ist das Gefühl für den eigenen Wert, gibt innere Sicherheit und seelisches Wohlbehagen. In jeder Depression findet eine Schwächung des Selbstwertgefühles statt, wobei die narzißtisch Depressiven ganz besonders stark davon betroffen sind, weil ja ein schwaches Selbstwertgefühl die narzißtische Persönlichkeitsstörung überhaupt kennzeichnet.

Im gleichen Sinn wie Selbstwertgefühl wird der Begriff Selbstvertrauen verwendet. Der deutsche, später in den USA wirkende Psychoanalytiker Erik Erikson führte 1950 die Bezeichnung *Urvertrauen* in den psychologischen Sprachgebrauch ein. Unter Urvertrauen verstehen wir einen Zustand des seelischen Befindens, das uns ein tief verwurzeltes und in allen Teilen gutes Selbstvertrauen garantiert. Letztlich ist dieses Selbstvertrauen etwas, das zu jedem Menschen gehört, das aber von den Erfahrungen im ersten Lebensjahr maßgebend beeinflußt wird. Es kann während dieser allerersten Lebenszeit bestätigt oder enttäuscht werden, je nach den Erfahrungen, die das Kind mit seiner nächsten Umgebung macht. Bei ungünstigen Grundbedingungen, etwa wenn eine Mutter ihr Kind innerlich nicht voll akzeptiert, kann sich das Urvertrauen nicht entwickeln. So oder so tritt der Säugling bald einmal in eine Phase, da sich bei ihm die Eindrücke von Enttäuschung häufen. Da er nicht rund um die Uhr in der unmittelbaren Nähe der Muter sein kann, erlebt er Trennung und Verlassenwerden; er erlebt die »allmächtige« Mutter als nicht immer voll verfügbar, was sie ja auch gar nicht sein soll; auch reagiert sie ihm gegenüber nicht immer nur mit Freude, sondern auch mit Ärger, wenn sie übermüdet ist. Es kommt für den hilflosen Säugling zu unvermeidlichen Frustrationen, zu peinigenden Gefühlen der Angst, die sich in die Kinderzeit fortsetzen und denen das Kind oft mit einer ohnmächtigen Wut begegnet.

Dieser Verunsicherung entgeht kein Mensch. Verläuft die Entwicklung des Kindes auf der seelischen Ebene günstig, kann das Urvertrauen dem nun auch vorhandenen Mißtrauen gegenüber gehalten und gefestigt werden. Dies setzt aber voraus, daß die nahen Bezugspersonen – nicht nur die Mutter – trotz der unvermeidlichen Frustrationen, die sie dem Kind zumuten müssen, ihm in einer selbstverständlichen Liebe zugetan bleiben und ihm immer wieder die Gefühle von Sicherheit, Wärme und Geborgenheit vermitteln. Der Mensch ist von Natur aus so angelegt, daß er fähig ist, ein gewisses Maß an Unwohlsein unbeschadet zu ertragen; gesellen sich aber zu den unvermeidlichen Frustrationen auch noch viele vermeidbare hinzu und ist davon ein sehr sensibles Kind betroffen, so ist damit die Grundlage zur Entstehung einer narzißtischen Persönlichkeitsstörung geschaffen, deren Symptome nach und nach offenbar werden.

Das schwache Selbstwertgefühl eines Menschen, der sich nicht hinter einer perfekten Fassade zu verbergen weiß, zeigt sich auf mancherlei Art und Weise: Er glaubt nicht an sich selbst und findet deshalb auch keine Basis in sich; es fehlen ihm innere Sicherheit und Geborgenheit; er kann sich nicht so akzeptieren, wie er ist, denn er sollte doch eigentlich ganz anders sein; er kann sich deshalb im Grunde selber auch nicht lieben;

er ist sich fremd und hat keine innere Heimat. Alle Patienten, von denen ich bisher berichtet habe, sind äußerst kränkbar, das heißt, sie ertragen keine *Kränkungen*. Schon objektiv geringfügige Verunglimpfungen können eine Gekränktheit auslösen, die oft lange anhält. Kränkungen sind definitionsgemäß vorübergehende Verluste im Selbstwert-Gefühlsgefüge. Aber sie sind, wie auch die Frustrationen, ganz allgemein im Leben unvermeidbar, und normalerweise lernt der Mensch, sie ohne größere Schwankungen des inneren Gleichgewichtes zu ertragen, sofern sie nicht allzu intensiv sind.

Niedergeschlagenheit

Lange nicht alle Menschen, die an einer narzißtischen Depression leiden, weisen Niedergeschlagenheit auf oder sind depressiv verstimmt. Diese Gefühle können unterdrückt werden, indem Kompensationsmechanismen dem im Grunde schwer angeschlagenen Selbstwertgefühl zu Hilfe eilen. Ein tief verunsicherter Mensch fühlt sich wertlos, und er wird sich in seiner Phantasie auf ein grandioses, idealisiertes Ichselbst zurückziehen. Es genügt ihm indes nicht, seine eigene Großartigkeit immer wieder neu zu phantasieren; er wird stets neu und in hohem Maß auf die Bewunderung, die andere ihm zollen, angewiesen sein. Er kann gar nicht leben, ohne bewundert zu werden. Der Wunsch nach Bestätigung ist unersättlich. Größenphantasien und die Notwendigkeit, bewundert zu werden, ergeben zum Beispiel den *Perfektionisten*. Ein solcher Mensch stellt außergewöhnlich hohe, oft überspannte Anforderungen an sich selber, denen er ja in keinem Fall ständig genügen kann. Er ist dabei äußerst intolerant sich selbst gegenüber. Die oftmals geradezu sadistisch hohen Maßstäbe, die er an sich selber legt, ergeben einen moralischen Masochismus, der sich nur aus den ganz abgespaltenen moralischen Größenphantasien erklären läßt. Ein solcher Mensch phantasiert unbewußt seine eigene moralische Grandiosität. Wir können uns unschwer vorstellen, daß er wie der Reiter über dem Bodensee lebt, nur daß ihm das nicht bewußt ist.

Der Perfektionist will durch seine »Vollkommenheit« die Bewunderung anderer erregen. So wird er zwanghaft dazu getrieben, alles, was er macht, möglichst perfekt und fehlerlos zu tun; bei *Doris* zeigte sich, wie wir sehen konnten, dieser Hang zum Perfektionismus schon ganz früh: Sie wollte als Kind immer noch lieber und reiner werden, eine Verhaltensweise, die sich bis ins Erwachsenenleben fortsetzte. Wiewohl also Doris eindeutig an einer narzißtischen Depression litt, erkennen wir auch bei ihr Züge von grandioser Kompensation.

Jedermann kennt Menschen, die sehr selbstsicher wirken. Aber häufiger, als man ahnt, gehört diese Sicherheit nur zur Fassade des Betreffenden, während tief verborgen in ihm eine große Unsicherheit haust, die ihm selber nur sporadisch bewußt wird, weil er sie verdrängt und sich dagegen wehrt.

Manchmal früher, manchmal später, häufig erst in der zweiten Lebenshälfte, sind die Kräfte erschöpft und kann die Kompensation nicht mehr unter allen Umständen aufrechterhalten werden. Wenn das Abwehrsystem zusammenbricht, wird die Depression manifest. Man kann es freilich auch andersherum formulieren: Die Depression ist die Reaktion auf die Tatsache, daß ich nicht die großartige Person bin, die ich angeblich sein müßte, um zu gefallen.

Wie uns schon der Fall *Robert* gezeigt hat, können die Zustände von depressiver Verstimmung und Grandiosität einander ablösen. Das stete Schwanken zwischen Niedergeschlagenheit und Grandiosität deutet zweifelsfrei auf eine fehlende Balance im Selbstwertgefühl hin.

Bei *Peter*, einem fünfzigjährigen Musiker, war das Wechselspiel zwischen Grandiosität und Depression ebenfalls sehr ausgeprägt. So konnte er sich in der einen Stunde großartig fühlen, glaubte eine tiefgreifende innere Wandlung zu verspüren oder das Werden einer religiösen Kraft in ihm. Eine Woche später war er zutiefst deprimiert, fühlte sich niedergeschlagen, unsicher und minderwertig und fand, daß sich überhaupt nichts in ihm verändere. Er benötigte viel Bewunderung, konnte sich auch selbst zeitweise sehr bewundern, auch allenfalls einen anderen Menschen idealisieren und bewundern; anderseits hatte er tiefes Mißtrauen sich und andern gegenüber und ein schwer gestörtes Selbstwertgefühl.

Monika, von der schon die Rede war, erlebte ich in der Sprechstunde meist niedergeschlagen. Aber auch sie neigt zu Größenphantasien und ist ausgesprochen perfektionistisch. Das wurde ihr aber erst mit der Zeit bewußt. Nachdem sie vier Jahre Therapie hinter sich hatte, konnte sie in einer Stunde sogar dazu stehen, daß sie ständig bewundert werden möchte. Auch vom Therapeuten wünscht sie sich, daß er sie bewundert, weil sie so intelligent, so spontan, so fleißig, ja überhaupt so toll ist. Genau diese Eigenschaften waren es denn auch, die von ihren Eltern sehr geschätzt wurden. Es wird ihr aber auch nach einem Traum bewußt, wie sehr ihr das Bedürfnis, bewundert zu werden und perfekt sein zu müssen, im Weg steht, um zu sich selber zu finden. Am Ende dieses Traumes gelangt Monika allein und in der Dunkelheit auf einen großen Platz. Bei ihrer Ankunft wird der Platz plötzlich hell erleuchtet. Der Platz ist eigentlich leer, aber ein ihr bekanntes altes Ehepaar steht da wie eine absperrende Wand. Sie erlebt den Schluß des Traumes in deprimierter Stimmung als harte Wand und schwere Blokkade.

Monika kennt das alte Ehepaar. Es seien zwei Menschen, bei denen immer alles auf Leistung ausgerichtet sei. Sie seien äußerst konservativ und in mancher Hinsicht ihren Eltern ähnlich. Monika hat den Eindruck, das Ehepaar stelle ihren *eigenen* Perfektionismus dar, der sie überall verfolge. Wenn sie dem Zwang, alles perfekt zu machen, nicht nachkomme, habe sie ein schlechtes Gewissen. Sie sei perfektionistisch, weil es für sie lebensnotwendig sei, bewundert zu werden; sonst habe sie keinen Lebensmut, und es gebe dann nichts, was sie am Leben erhalte.

Nun ist es gewiß so, daß der Perfektionismus bei Monika ihrem Wunsch entspringt, anerkannt und geschätzt zu werden.

Nur wenn sie »toll« ist, so glaubt Monika, kann sie mit Zuwendung rechnen. Dieser Glaube, der natürlich ein Irrglaube ist, zeichnet den narzißtisch depressiven Menschen aus und ist typisch für ihn. Dieser Irrglaube beruht, wie wir später noch sehen werden, sicher zu einem großen Teil auf der Tatsache, daß sich folgendes Drama immer neu wieder ereignete: Das brave, gefügige, liebe Kind wurde gelobt, erhielt Zuwendung; das Kind aber, das nicht immer brav sein konnte, eigene Wege suchte und damit oft mit den Wünschen der Erwachsenen kollidierte, wurde mit Liebesentzug und Enttäuschtheit von seiten der Eltern bestraft. Deshalb kann man im Perfektionismus auch noch etwas anderes sehen als eine größenphantastische Kompensation des angeschlagenen Selbstvertrauens, nämlich den Ausdruck für ein sadistisches Über-Ich.

Wie wir bei Doris gesehen haben, kann sich ein Mensch lange Zeit in einem depressiven Zustand befinden, ohne es zu wissen. Wird er sich aber seiner tiefen Niedergeschlagenheit so richtig bewußt, so trifft sie ihn oft mit einer solchen Wucht, daß er in abgrundtiefe Hoffnungslosigkeit versinken kann. Es erweist sich dann, daß die Depression eine *dämonische* Seite hat. Von diesem dämonischen Aspekt bei der narzißtischen Depression handelt ein anderer Traum von *Monika.*

»Ich laufe zum Bahnhof. Dort gibt es einen Kiosk. Es ist sehr dunkel, und die Straßen sind menschenleer. Unsicherheit befällt mich, zumal ich nicht weiß, warum ich diesen Weg gehe. Meine Hoffnung ist der Kiosk; dort könnte ich Menschen antreffen. Aber dort eingetroffen, finde ich ihn geschlossen. Die Angst wird immer stärker. Ich weiß nicht, was ich tun soll. Plötzlich löst sich aus der Dunkelheit eine Gestalt und springt auf mich zu. Ich beginne zu schreien, doch schon stopft mir der Unbekannte (ich erkenne, es ist ein Mann) ein Taschentuch in den Mund. Er stößt mich zu Boden; ich falle gleichsam in die Tiefe. Ich denke, daß jetzt die Vergewaltigung stattfinden werde. Hastig überlege ich Möglichkeiten des besten Verhal-

tens, um wenig Schaden zu nehmen. Ich beteure meine Hingabe und Willigkeit, stelle aber die Forderung, zusammen in meine Wohnung zu gehen. Er willigt ein. Wir gehen den Weg, der auch in Realität mein Heimweg ist. Aus der Dunkelheit löst sich eine weitere Gestalt; es ist ein Mann, und er will mir seine Hilfe anbieten. Die Hilfeschreie haben ihn herangeführt. Ich lehne seine Hilfe ab, da ich nicht beweisen kann, daß ich belästigt werde. In der Tat geht der erste Mann unaufdringlich neben mir her. Doch hat sich die Art der Belästigung verändert: Unaufhörlich spricht er auf mich ein und bedroht mich mit einschüchternden Worten, verhöhnt mich, lacht mich aus, stellt mein Leben in Frage. Aus seinen Augen schießt etwas, das mich wie Pfeile trifft. Ich werde immer verwirrter und spüre, wie meine Kraft nachläßt. Die Gestalt setzt sich in mir nieder, wie eine Überschwemmung. Ich erwache schwitzend und voller Angst.«

Neben der Deprimiertheit leidet Monika auch unter großen Einsamkeitsgefühlen. Im Traum hofft sie, ihre Einsamkeit zu überwinden, indem sie zum Bahnhofskiosk geht, wo sie Menschen antreffen könnte. Der Kiosk, der allerdings wohl kaum der richtige Ort ist, um wirkliche Einsamkeit zu durchbrechen, sondern sie allenfalls übertönen könnte, ist aber geschlossen. Angst befällt sie – offenbar weil ihr Vorhaben nicht gelingt –, und sie weiß nun nicht, was sie tun soll. Da löst sich der unbekannte Mann aus der Dunkelheit, das heißt aus ihrem Unbewußten. Er bedroht sie sehr brutal, wobei sie versucht, einigermaßen glimpflich davonzukommen. In ihrer Not ist sie bereit, ihn mit nach Hause zu nehmen. Auf dem Weg verhöhnt er sie, verlacht sie, setzt sie herab und stellt ihr Leben in Frage. Ein anderer Mann, der sich in dieser schrecklichen Situation ebenfalls aus ihrem Unbewußten löst, will ihr helfen. Sie weist seine Hilfe zurück, mit der Begründung, sie könne ja nicht beweisen, daß sie bedroht werde. Verbal bedroht zu werden ist für sie offenbar kein Anlaß, Hilfe in Anspruch zu nehmen.

Bei der Besprechung fällt es Monika nicht ein, daß der zweite

Mann der Therapeut sein könnte, im Gegenteil, sie findet, der erste, bedrohliche Mann sei vielleicht der Therapeut. Sie setzt also in einer negativen Übertragung den Therapeuten mit einem dämonischen Aspekt in ihr gleich, der sie völlig entwertet und in Frage stellt. Tatsächlich muß es sich aber bei dem Mann, der sie bedroht, um eine innere Figur, um etwas in ihr selber handeln, sagt doch der Traum, der Bedroher setze sich in ihr nieder und überschwemme sie. Das bedeutet: Monika selbst setzt sich dauernd herab und läßt überhaupt keine Hilfe zu. Hier zeigt sich der dämonische Aspekt der Depression. Wohl sucht der Depressive äußerlich Hilfe, darum geht er ja in Therapie, aber eigentlich ist er – hier Monika – identifiziert mit einer Stimme in sich, die ihm jede Hilfe verweigert und auch gar nicht zum Bewußtsein kommen läßt, daß nicht der Therapeut es ist, der ihn bedroht, sondern daß der Bedroher, der sein Leben zerstört, in ihm selber sitzt.

Dem Leser ist es vielleicht aufgefallen, daß ich stets von depressiver oder deprimierter Verstimmung resp. Niedergeschlagenheit spreche, während in der Literatur über Depression oft von »trauriger Verstimmung« gesprochen wird. Ich halte es für wichtig, den Ausdruck »traurige Verstimmung« nicht mehr zu verwenden, weil zwischen Traurigsein und Depressivsein ein elementarer Unterschied besteht. Wir haben im ersten Kapitel bereits davon gesprochen. Doris begann sich nach einigen Monaten Therapie nicht nur ihrer Depression bewußt zu werden, sondern sie erlebte erstmals auch ein Gefühl der echten Traurigkeit. Wer traurig ist, lebt im Gefühl. In der narzißtischen Depression hingegen schweigen die Gefühle weitgehend; alles wird als öde, leer und stumpf bezeichnet. Das Fehlen der traurigen Verstimmung scheint mir für die narzißtische Depression recht charakteristisch zu sein.

So ist es ein erster, großer Fortschritt, wenn sich in der Therapie Gefühle der Traurigkeit einstellen. Das Auftauchen aus der Depression ist damit eingeleitet. Paradoxerweise erleben die Patienten dies als noch größere Belastung, zumindest in der Anfangsphase.

Wenn wir von Traurigkeit sprechen, so meinen wir damit ein bestimmtes Gefühl, eine Gestimmtheit, ein inneres Zumutesein, das, so wie die Fröhlichkeit, zu uns als Menschen gehört. Besonders intensiv wird die Traurigkeit, wenn wir einen schweren Verlust zu beklagen haben. Sie überschwemmt uns dann richtiggehend und überlagert alle unsere Gefühle, Gedanken und Handlungen während einer geraumen Weile. Sigmund Freud hat 1915 erstmals auf den *grundlegenden Unterschied* zwischen *Trauer* und *Depression* aufmerksam gemacht. Versuchen wir, das Wesentliche herauszuarbeiten.

Erstens: Die *Trauerreaktion* ist dem auslösenden Ereignis *adäquat*, angemessen. Wir verstehen ohne weiteres die tiefe Trauer beim Verlust eines geliebten Menschen und empfinden die Intensität der Reaktion wie auch ihre zeitliche Dauer als völlig verständlich. Bei der Depression ist das Gegenteil der Fall. Hier kann schon eine, wie es scheint, geringfügige Kränkung jemanden in einen Zustand tiefster Verzweiflung stürzen, der oftmals gar nicht oder nur schwer einfühlbar ist. Vom Therapeuten allerdings kann erwartet werden, daß er nachempfinden kann, was sich hier ereignet, kennt er doch das Leid, das aus Verletzungen, die einem Menschen bereits in frühester Kindheit zugefügt werden können, resultiert. Der Trauernde weiß um den Anlaß seines Schmerzes; viele Depressive hingegen beginnen sich erst in der aufdeckenden Therapie bewußt zu werden, was sie eigentlich so unglücklich macht.

Zweitens: Der traurige Mensch fühlt, daß ihm etwas Wichtiges genommen worden ist: Die Welt ist ihm, wie Freud sagt, arm und leer geworden. Er selbst fühlt sich aber nicht wertlos oder leer. Der traurige, trauernde Mensch ist in der Lage, im Gegensatz zum Depressiven, seine gewohnten Aktivitäten weiterhin auszuführen, seine Beziehungen aufrechtzuerhalten und seine Interessen nicht zu verlieren. Er bleibt bei all seinem Schmerz in seinem Selbstwertgefühl gefestigt, und auch seine Beziehungen zu anderen Menschen sind nicht grundlegend erschüttert. Natürlich ist das Lebensgefühl des Trauernden gedämpft, und es fehlt ihm der Pulsschlag freudigen Tuns. Aber im Falle eines schweren Verlustes besitzt er einen großen Schatz, der verhindert, daß eine depressive Entwicklung einsetzt: Er hat die kostbaren Erinnerungen an eine glückliche, lebendige Vergangenheit. Entscheidend scheint mir aber, daß das Selbstwertgefühl des Trauernden nicht oder nur am Rande angeschlagen ist. Zur echten Trauer gehören sogar viel Mut und Selbstvertrauen. Es braucht nämlich Mut, um sich fallenzulassen und dem Schmerz zu übergeben, und dieser Mut stellt sich nur ein durch das unbedingte Vertrauen, nicht ins Leere zu fallen, wenn man sich fallenläßt: Vertrauen zu sich selber und Vertrauen in wenigstens einen Menschen, der irgendwie meine Not mitzutragen in der Lage ist.

Ganz anders verläuft die Depression. Typisch für sie ist eine *drastische Entleerung des Ichselbst*; das heißt, das Selbstwertgefühl ist enorm herabgesetzt. Dem Depressiven ist, wie Freud sagt, nicht die Welt, sondern das Ichselbst arm und leer geworden. Und das Ich setzt sich nicht nur herab, sondern es wütet geradezu gegen sich selbst. Die Depression ist geprägt von einer starken, gegen sich selbst gerichteten Aggression, die sich in Schuldgefühlen und Selbsthaß ausdrückt. Dabei wohnt diesen Tendenzen etwas sehr Dämonisches inne, wie uns zum Beispiel der Traum von Monika sehr deutlich gezeigt hat.

Drittens: Der Trauernde kann seinen *Verlust verarbeiten.* Freud hat dafür den Begriff »Trauerarbeit« geprägt. Der Depressive ist dazu nicht in der Lage; denn die Depression ist im Gegensatz zur Trauer mit keinem kreativen Prozeß verbunden. In der Trauerarbeit findet ein Reifeprozeß statt. Die Depression aber wirkt zersetzend, weshalb der Depressive therapeutischer Hilfe bedarf.

Die Trauerarbeit ist eine seelische Arbeit, die ein Mensch leistet, um den großen Schmerz, der ihm vom Leben zugemutet wurde, zu integrieren und zu akzeptieren. Trauerarbeit hat also mit dem Seelenhaushalt zu tun. Der Verlust von etwas Geliebtem, von etwas zentral Wichtigem bringt unser Seelengefüge durcheinander. Es ist nur zu begreiflich, wenn sich erst einmal alles in uns sträubt, den Verlust zu akzeptieren. Doch das Leben geht unerbittlich weiter. Und wenn wir wirklich weiterleben wollen, so müssen wir irgendwann in die Realität einwilligen und versuchen, das Beste aus dem, was bleibt, zu machen. Das erfordert eine harte und beschwerliche Arbeit an uns selber.

In der Trauer sind selbstheilende, progressive Kräfte am Werk. Das eigene Ich wird zwar durch den Verlust von allen Seiten in die Verzweiflung getrieben. Das Verlorene wird in allen Einzelheiten innerlich wiedergesucht und wiedergefunden. Das kann bis zu der phantastischen Vorstellung gehen, man könne die verlorene Zeit zurückerlangen. Aber auf dies Suchen nach dem Geliebten in der eigenen Imagination folgt in der erfolgreichen Trauerarbeit immer wieder die Notwendigkeit, sich zu trennen und Abschied zu nehmen von dem, was man verloren hat. Man erlebt, daß die Realität stärker ist. Man erkennt die Suche nach dem Verlorenen als aussichtslos. Das Suchen und Sich-Erinnern führt zum langsamen und fortgesetzten Zerreißen der Bindung an das geliebte Wesen. Dem Trauernden wird dies Risse und Wunden schlagen, und doch wird er auf diese Weise langsam frei und kann sich neu dem Leben zuwenden. Es handelt sich bei der Trauerarbeit also um einen tief schmerzenden Selbstheilungs- und Genesungsprozeß.

Aus alledem ergibt sich, daß die Trauer ein normaler, auf gesunden Kräften beruhender Prozeß ist. Der Trauernde benötigt daher auch keine Therapie, wohl aber Trost, Zuspruch und mitmenschliche Begleitung. Ganz anders steht es um die *Depression*; sie ist eindeutig *pathologisch* und lebt von selbstzerstörerischen Kräften. Der Depressive benötigt daher *Therapie*, und zwar in Form einer Psychotherapie, die in schweren Fällen mit einer medikamentösen Behandlung einhergehen muß.

Die Ausführungen über den Unterschied zwischen Trauer und Depression bedürfen noch einer Ergänzung. Was da nicht zuletzt aus didaktischen Gründen recht streng auseinandergehalten wird, erweist sich im konkreten Fall nicht selten als ein Ineinander. Schwerste Schicksalsschläge, wie zum Beispiel eine chronisch fortschreitende Krankheit, können immer wieder neu die bisher geleistete Trauerarbeit durchbrechen und den

Betroffenen in einen tief depressiven Zustand stürzen. Das bereits empfindlich angeschlagene Selbstwertgefühl liegt erneut darnieder, und der Betroffene ist in diesem Moment unfähig, sein Verlusterlebnis zu verarbeiten.

Das Versagen der Ich-Du-Begegnung

Natürlich haben auch narzißtisch Depressive Beziehungen zu anderen Menschen. Vor allem im Beruf und im üblichen Sozialkontakt sind sie von anderen, nicht narzißtisch gestörten Menschen kaum zu unterscheiden, da sie ja über eine perfekte Fassade verfügen. Je mehr aber die innere Leere als Zeichen der verschleierten Depression zunimmt, desto stärker wird bei ihnen der Drang, mit einem anderen Menschen richtiggehend zu verschmelzen, so als seien sie eins und gehöre der andere nur ganz ihnen allein. Narzißtisch depressive Menschen können sich auf eine so verschlingende Weise an den Partner, den Therapeuten, auch an die eigenen Kinder klammern, daß sich diese mit der Zeit selber leer und ausgesaugt fühlen. Ich erinnere an die vielen Stunden mit Maja und Franziska, in denen ich von der inneren Leere der beiden dermaßen angesteckt wurde, daß ich mich selber völlig leer und depressiv fühlte. Man bezeichnet dies als ein Phänomen der Gegenübertragung, nämlich der (unbewußten) emotionalen Reaktion des Therapeuten auf den Patienten in der Therapiesituation. So geschieht es, daß der depressive Patient die seelischen Kräfte des Therapeuten aufsaugt und dann oft recht gestärkt und gelöst von dannen zieht, während der Therapeut seinerseits innerlich entleert und überaus müde zurückbleibt. Ein Therapeut weiß um dies Phänomen und muß sich mit diesem »Infiziertwerden« innerlich immer wieder neu auseinandersetzen. Weit schwerer haben es da die Angehörigen eines schwer depressiven Menschen. Ihnen fehlt das Werkzeug, um mit den destruktiven, zerstörerischen Wirkungen umzugehen. Oft geraten sie zudem in arge Schuldgefühle, weil sie sich so überfordert fühlen.

Narzißtische Beziehungen haben alle diesen anklammernden und aussaugenden Charakter. Man nennt dies *narzißtische Besetzung*. Das Gefühl, abgezapft und entkräftet zu werden, entsteht durch die Tatsache, daß die narzißtische Persönlichkeitsstörung dem Fließen von seelischer Liebeskraft im Wege steht. Der andere Mensch wird nicht als Eigenwesen erlebt, sondern als ein Teil von einem selbst. Im Grunde erwartet der narzißtische Mensch von jeder wichtigen Beziehung, er könne in ihr eine »totale Mutterbrust« finden, die ihn ständig mit nährenden Substanzen versorgt, die ihn in seinem Selbstwertgefühl stärken. Umgekehrt wird jede Abweichung des andern vom eigenen Denken, Fühlen, Erleben und Empfinden als große Kränkung erlebt.

In der narzißtischen Besetzung ist das Du kein Du der Begegnung. Das Du wird zum *Selbstobjekt*, wie Kohut diesen Vorgang nennt. Das bedeutet, daß der andere Mensch nicht als der erlebt wird, der er ist, sondern als ein Teil der eigenen Person. Dabei kann der narzißtische Mensch durchaus den Eindruck haben, er liebe den anderen wirklich. Bei dieser »Liebe« aber liebt man den anderen nur, insofern er den eigenen Wünschen und Vorstellungen entspricht, das heißt wenn er sich mit dem Bild, das man sich von ihm gemacht hat, deckt. Das ist aber keine wirkliche Liebe und keine zwischenmenschliche Begegnung, zu der es gehört, daß man den andern als den erkennt, achtet und liebt, der er in Wahrheit ist.

Ein typisches Beispiel für die narzißtische Besetzung ist die Liebe vieler Eltern zu ihren Kindern. Diese Konstellation scheint besonders geeignet zu sein dafür; denn hier ist es besonders schwierig, zwischen sich selbst und dem eigenen Sprößling zu unterscheiden, da das Kind als ein Teil der Eltern erlebt wird. Erfährt das Kind aber nur dann die Zuneigung der Eltern, wenn es brav, fügsam, angenehm und anhänglich ist, und stößt es dann auf Zurückweisung und Ablehnung, wenn es sich anders benimmt, als die Eltern es sich wünschen, so ist das eine rein narzißtische Liebe. Eine derartige Eltern-Kind-Beziehung hat uns die Geschichte von Doris besonders eindrucksvoll vor

Augen geführt. Das kleine Kind, das nie so sein durfte, wie es eigentlich war, trägt denn auch unglaubliche seelische Schäden davon.

Wir wissen natürlich, daß auch jede wirkliche Liebe mit narzißtischen Elementen durchwoben ist. Die anhaltende, reine Ich-Du-Begegnung gibt es nicht. Wir sind Menschen und als solche oft heimgesucht von äußeren oder inneren Sorgen oder Mißgestimmtheiten. In solchen Phasen sind wir nicht immer in der Lage, auf den andern einzugehen, sondern versinken vorübergehend in eine Stimmung, die uns besonders kränkbar macht und uns zu entsprechenden Verhaltensweisen führt. So sind wir zeitlebens auf eine gegenseitige Toleranz angewiesen und auf das Verständnis unserer Nächsten. Das ist völlig normal und gehört zum Leben. Echte Liebe ist immer gemischt mit narzißtischer Liebe, weil wir keine Engel sind. Für eine normale, seelische Entwicklung ist es sogar notwendig, daß wir Selbstobjekte haben. Für den Säugling und das heranwachsende Kind ist es lebenswichtig, daß es mehrere ihm wohlgesinnte Bezugspersonen um sich hat, welche seine natürlichen Bedürfnisse so vollumfänglich wie nur irgend möglich befriedigen.

Es ist auch völlig normal, wenn der erwachsene Mensch seinen Partner oder seine nahen Freunde *auch* zu Selbstobjekten macht. Krankhaft, neurotisch wird die narzißtische Liebe erst, wenn sie in eine verschlingende narzißtische Besetzung ausartet. Die Beobachtung zeigt, daß die verschlingende und aussaugende Tendenz bei der narzißtischen Depression gerade dadurch zustande kommt, daß eine völlige innere Entleerung stattfindet. Diese Entleerung wird erlebt als innere Leere und vor allem als völliges Darniederliegen des Selbstwertgefühls.

Die Wurzel des Übels liegt beim narzißtisch Depressiven darin, daß er die phasengerechte Symbiose und Geborgenheit in der frühesten Kindheit nicht erleben konnte oder zu starken Schwankungen und Kränkungen ausgesetzt war. Ein gutes Beispiel ist die Kindheit von Doris. Wir werden aber auf Einzelheiten dieser Zusammenhänge im dritten Kapitel eingehen. Es entsteht jedenfalls ein Defizit, und dieser Mangel ist bleibend. Er zeigt sich nicht nur in einer von Mißtrauen geprägten Einstellung der Umwelt gegenüber, sondern vor allem auch in einem tiefen Mißtrauen sich selber gegenüber. Der narzißtisch Depressive wird beherrscht von dem quälenden Gefühl, sich auf nichts in sich selbst verlassen und stützen zu können. So entsteht eine *Selbstentfremdung*, welche das Pendant bildet zur Entfremdung vom Du. Sie macht es unmöglich, eine tiefe, verbindliche partnerschaftliche Bindung einzugehen (die eben *nicht* nur aus Symbiose und narzißtischer Besetzung besteht). Narzißtisch Depressive glauben nicht an sich selbst und spüren sich nicht selbst – sie sind sich selbst fremd geworden.

Nicht nur die starke narzißtische Besetzung gehört zum Beziehungsmuster des narzißtisch depressiven Menschen, sondern auch die *Idealisierung* und *Verachtung*.

Peter, von dem wir bereits kurz gesprochen haben, besuchte eine Volkshochschulvorlesung bei mir über das Thema Narzißmus. Blitzartig glaubte er, in mir den richtigen Analytiker gefunden zu haben. Er empfand mich als einen Weisen, einen Wissenden, der ihm den Weg zu sich selbst und seinen verborgenen Schätzen zeigen könne. So meldete er sich bei mir zur Therapie an. Doch schon nach der ersten Sitzung hatte er folgenden Traum:

»Ich gehe zur Analyse zu einer sympathischen, warmen, weise wirkenden Frau, die nicht mehr ganz jung ist. Das Haus ist sehr unordentlich, schlampig, unaufgeräumt. Im oberen Stock beginnt die Analyse; wir sind halb in ein ungemachtes Bett gelehnt; unsere Wangen berühren sich sogar. Etwas Erotik liegt in der Luft... Mein Sohn ist auch da, langweilt sich aber. Ich habe Mühe, einen Traum zu erzählen; ich habe ihn unleserlich notiert.«

Peter meint zu diesem Traum, schon nach der ersten Stunde bei mir seien Zweifel in ihm aufgekommen. Ich sehe viel älter aus als er, sagt er, obwohl er nur zwei Jahre jünger ist, und eigentlich wäre er sowieso lieber zu einer Frau in die Therapie gegangen. Im Traum sei alles voller Leben, bei mir sei alles so geordnet. Auch spreche ich leise und unaufdringlich, meint er etwas vorwurfsvoll.

Peter hat mich, als er mich als Vortragenden erlebte, bewundert und verehrt, als sei ich eine Art Guru. Doch als er dann bei mir sitzt, folgt der Idealisierung die Ernüchterung auf dem Fuß, da der Therapeut, den er in der Sprechstunde vorfindet, diesem Guru-Ideal nicht entspricht. Bei Peter handelt es sich um einen Menschen, der selber sehr den Drang verspürt, bewundert zu werden, wozu ihm sein Beruf – er ist Musiker – ja auch verhilft. Aber sein Selbstwertgefühl bleibt schwach trotz des Erfolges, den er beruflich hat, und so sucht er selber Idealfiguren, die er bewundern kann, die er idealisiert und mit denen er verschmelzen möchte. Es ist ein Gesetz, daß der Mensch, auf den ein hohes Ideal projiziert wird, sofort fallengelassen, herabgesetzt und verachtet wird, wenn er den narzißtischen Menschen enttäuscht, wenn er nicht dem Bild, das der andere sich von ihm gemacht hat, entspricht. Genau dies geschah hier im Anschluß an die erste Therapiestunde, und der Traum nimmt das Thema auf, indem er eine Analysesituation beschreibt, die in allem das Gegenteil der Realität darstellt. Der Traum spricht für sich selber, und wir wollen hier nicht näher auf ihn eingehen, sondern noch etwas beim Vorgang der Idealisierung und Herabsetzung verweilen.

Für das Kleinkind zum Beispiel ist die Idealisierung seiner Eltern oder anderer naher Bezugspersonen nicht nur normal, sondern ein wichtiger Schritt in der seelischen Entwicklung. Die Idealisierung der Eltern bewirkt, daß sich in der Seele des Kindes Ideale überhaupt aufbauen, welche wir *Ich-Ideale* nennen. Das sind Ideale, die das Ich hat. Dadurch, daß die Eltern als Idealinstanzen erlebt werden, dienen sie dem Kind auch als Vorbilder für das Idealbild, das es unbewußt von sich selbst hat und dem es entsprechen möchte. Wenn dieses Idealbild von sich selbst verinnerlicht wird, nennt man es das *Idealselbst*.

Bei erwachsenen Menschen ist die Idealisierung stets stark narzißtisch gefärbt, bedeutet aber deswegen noch nichts

Krankhaftes. Nehmen wir zum Beispiel die Verliebtheit: Sie entsteht aus der narzißtischen Idealisierung eines anderen Menschen und geht mit einer Verschleierung der Realität einher. Verallgemeinert: In der narzißtischen Idealisierung des Erwachsenen wird das Du ohne sein Zutun physisch vergrößert und erhöht. Derjenige, von dem die Idealisierung ausgeht, identifiziert sich mit dem idealisierten Du und gewinnt dadurch sehr an Eigenart. Ein solcher Mensch wird sehr darauf bedacht sein, mit allen Mitteln die Idealisierung zu erhalten, da er sonst eine empfindliche Einbuße in seinem Selbstwertgefühl erfährt. Dieser Vorgang spielt sich besonders intensiv bei stark narzißtisch gestörten Menschen ab. Der andere wird nicht geliebt um seiner Eigenschaften willen und auch nicht in seinem So-Sein. Er wird narzißtisch besetzt, indem auf ihn der Wunsch des anderen nach einem großartigen, vollkommenen, überragenden, einmaligen Du übertragen wird und er eigentlich nur und ausschließlich dem anderen zur Stützung seines Selbstwertgefühls zu dienen hat. So wird dieser Mensch in allen Teilen größer gemacht, als er ist. Er wird intensiv idealisiert.

Derjenige, dem das widerfährt, ist allerdings oft selbst ein Grandioser, der es darauf anlegt, stets bewundert zu werden, und dem daher die Idealisierung seiner Person sehr willkommen ist. Gäbe es weniger Menschen, deren größter Wunsch es ist, bewundert zu werden, hätte die narzißtische Idealisierung beim Erwachsenen keine so großen Chancen.

Beim idealisierten Menschen handelt es sich nicht selten um den Partner, sofern er sich zur Idealisierung eignet. In der Idealisierung werden mein Partner, Freund oder Freundin in jedem Fall als »bessere Hälfte« erlebt. Man sucht sich an ihnen zu orientieren, was so weit gehen kann, daß man im Partner eine Führerfigur, eine Art Guru sucht. Die Grundlage für eine derartige Idealisierung bildet immer ein labiles oder schwaches Selbstwertgefühl. Kompensatorisch wird das erwählte Du idealisiert. Man kann die narzißtische Idealisierung in die folgende Kurzform fassen: »Ich bin schwach, du bist vollkommen; ich bin ein Teil von dir und werde daher auch vollkommen.« Zur Idealisierung gehört es also, daß der narzißtisch gestörte Mensch mit seinem idealisierten Du eine Fusion eingehen will und alles daransetzt, damit ihm die Verschmelzung gelingt.

Ich glaube mich nicht zu täuschen, wenn ich behaupte, daß das weibliche Geschlecht stärker als die Männer zur Verschmelzung mit dem geliebten, idealisierten Du neigen. Dies trifft nach meinen Beobachtungen auch für jene religiösen Sekten und Gruppierungen zu, die sich um einen Guru scharen. Es kommt zur maßlosen Idealisierung des Guru und zu Verschmelzungsphantasien mit ihm. Es entsteht ein gruppennarzißtisches Phänomen. Der Guru wird von einer ganzen Gruppe idealisiert und narzißtisch besetzt. Er hat allwissend, allmächtig, vollkommen, ja eine Art Gottheit zu sein. Indem der einzelne als Schüler den Guru idealisiert und in der Phantasie mit ihm verschmilzt, hat er teil an dessen Vollkommenheit. Das alles ist natürlich Illusion. Diese Illusion bewirkt einen Rauschzustand, und, was am schwersten wiegt, sie bringt die Betreffenden in eine totale psychische Abhängigkeit, die bis zur Hörigkeit geht. Diese Menschen verlieren jede Selbständigkeit; sie fühlen, denken, handeln nur noch so, wie es der Guru von ihnen verlangt. Jegliche Entwicklung wird aber dadurch verhindert.

Wir kennen dieses Phänomen allerdings nicht nur aus dem religiösen Leben; auch im politischen Leben nimmt es einen großen Platz ein; wie sonst wären Figuren wie Hitler und Stalin – um nur zwei zu nennen – überhaupt denkbar?

Oft kann die Idealisierung nicht durchgehalten werden, weil früher oder später Enttäuschungen eintreten. Natürlich gibt es Fälle, wo der idealisierte Mensch nie so weit vom Idealbild, das der andere von ihm hat, abweicht, daß eine ernsthafte Enttäuschung entstehen müßte. Bei den normalen Idealisierungen gelingt es in der Regel, Ernüchterungen hinzunehmen und Enttäuschungen zu integrieren, so daß ein objektiveres, realistischeres Bild des Du entstehen kann. Es ist etwas Wunderbares, wenn die Verliebtheit der Liebe Platz machen kann.

Die *Liebe* läßt sich durch Enttäuschungen nicht so leicht erschüttern. Die Enttäuschung beruht ja im wesentlichen darauf, daß *ich* mir ein täuschendes, ein falsches Bild gemacht habe, von dem Menschen zum Beispiel, in den ich mich verliebt habe. Je stärker die wirkliche Liebe ist, desto mehr wird das Du geliebt als die Person, als der Mensch, der er wirklich ist, im Gegensatz zur Verliebtheit, bei der ich das *Bild* liebe, das *ich* mir vom anderen mache.

Für den narzißtisch gestörten Menschen ist es außerordentlich typisch, daß er den vordem idealisierten anderen sofort fallenläßt, wenn er sich von ihm enttäuscht fühlt. Die narzißtische »Liebe« verschwindet augenblicklich und überläßt ihren Platz einer ebenso intensiven *Verachtung*. Im Grunde kennt der narzißtisch gestörte Mensch nur diese zwei Extremformen der gefühlsmäßigen Bewertung eines anderen Menschen: die Idealisierung und die Verachtung. Die Art, wie er anderen Menschen mit Geringschätzung und Verachtung begegnet, zeigt, wie sehr der narzißtisch Gestörte wirkliche Abhängigkeit von einem anderen Menschen meidet. Die größte Angst dieser Patienten ist es, von einem anderen Menschen, im Fall einer Therapie vom Therapeuten, abhängig zu sein. Darin zeigt sich ein typischer Abwehrvorgang; denn Abhängigkeit bedeutet für den narzißtisch Gestörten aufgrund bitterer Erfahrungen in der Kindheit: ausgenützt werden, manipuliert werden, dominiert und rücksichtslos behandlet werden. Der Fall Doris ist nur einer von vielen, der ein solches Kinderschicksal aufzeigt. Abhängigkeit ist bei solchen Menschen mit intensiven Haßgefühlen und Aggressionen verbunden und muß unter allen Umständen vermieden werden. Das schafft aber neue Probleme; denn eine völlige Unabhängigkeit ist innerhalb der menschlichen Gemeinschaft schlechthin eine Fiktion und der Wunsch danach eine Größenphantasie.

Beim narzißtisch gestörten Menschen gibt es nur eine Ausnahme von dieser Regel: In der Idealisierung ist eine psychische Abhängigkeit nicht nur möglich, sondern erwünscht.

Zur Verachtung gehören einerseits ein ausgeprägter Neid

und andererseits die Tendenz, alles zu entwerten, was der narzißtisch Gestörte von anderen empfängt. Zur Verachtung gehört ferner nicht selten eine Verhaltensweise anderen Menschen gegenüber, die ausbeuterischen Charakter hat. Dies gilt auch für die *Sexualität.* Besonders bei Männern hat die Sexualität oft diesen ausbeuterischen Charakter. Die Frau wird eigentlich nur als Sexualobjekt benutzt, das man nach dem Konsumieren wieder wegstellen und das man wahllos austauschen kann. Solche Männer kennen wohl sexuelles Verlangen einer Frau gegenüber, aber ohne gleichzeitig tiefe, echte Liebesgefühle für sie zu empfinden. Der Sexualverkehr dient solchen Männern erstens zur Abfuhr der sexuellen Erregung, zweitens aber auch der eigenen Eitelkeit und Machtbefriedigung, weil sie ihr eigentlich sehr schwaches Selbstwertgefühl auf diese Weise kompensieren können. Es wird kompensiert durch die Phantasievorstellung, ein toller, starker Mann zu sein, der Frauen gleichzeitig erobern, aber auch demütigen kann.

Etwas Ähnliches habe ich durchaus auch bei Patientinnen erlebt. Bei ihnen handelt es sich aber eher um den Ausdruck einer verzweifelten Männerverachtung, vor allem wenn die eigene Weiblichkeit durch die Männer schwer verletzt worden war. Hier ist dann Rache mit im Spiel. Da, wo Sexualität ohne Liebe praktiziert wird, stoßen wir oft auf ein schwaches, unsicheres Selbstwertgefühl und auch ein narzißtisches Machtstreben. Die »sexuelle Befreiung« – vorwiegend eine Frucht der medizinischen Technik –, hat zur Enthemmung geführt, zur Sexualität ohne Liebe, ohne Verbindlichkeit, ohne sinnvolle Abhängigkeit, ohne Verantwortung. Darin liegt nur eine scheinbare Freiheit. Sie ist viel eher ein Ausdruck der Selbstentfremdung: Entfremdung gegenüber mir selbst und der Bestimmung meines Lebens, aber auch Entfremdung gegenüber dem Partner, der ja ganz auswechselbar ist und mit dem es daher gar nicht zu einer wirklichen Begegnung kommen kann. Wirkliche sexuelle Befreiung aber führt aus der Entfremdung heraus; sie wird in der Liebe gelebt und kann auch nur in ihr voll ausgeschöpft werden.

Körperliche Symptome

Bei der narzißtischen Depression sind fast immer auch körperliche Beschwerden anzutreffen. Man spricht dann von Somatisierung (Soma = Körper) und meint damit, daß unbewältigte psychische Konflikte in körperliches Unwohlsein umgewandelt werden, oder anders gesagt: sich in Gestalt von körperlichen Symptomen äußern. Man nennt diese auch *psychosomatische Symptome und Beschwerden*. Sie haben eine symbolische Bedeutung: Sie drücken verdrängte seelische Konflikte und Komplexe durch den Körper aus und erlauben je nach Schwere und Art Rückschlüsse auf den psychischen Zustand des Patienten.

Über solche Beschwerden klagen fast alle narzißtisch Depressiven in der Sprechstunde, auch wenn ihnen ihre depressive Verstimmung gar nicht bewußt ist. Wir erinnern uns an Doris: Sie litt an häufigen Ermüdungs- und Erschöpfungszuständen, Schweißausbrüchen, Durchfällen, Herzklopfen und Atemnot, auch ohne daß sie sich körperlich anstrengte. Die spezialärztliche Untersuchung ergab bei ihr keine krankhaften Befunde. »Organisch völlig gesund« hieß es immer. So steht es in der Regel auch bei anderen Patienten mit narzißtischer Depression, jedenfalls solange keine Erkrankung eintritt, die bedrohlicher Natur ist. Die häufigsten Beschwerden betreffen wohl die Herz- und Brustwandregion, das heißt Herzklopfen, Herzstolpern, Herzschmerzen, Schmerzen in der Brustwand, dann den Kopf (mit Kopfschmerzen, oft migräneartig) und den gesamten Rückenbereich: Kreuzschmerzen, Rückenschmerzen allgemeiner Art, Verspannungen im Hals-Schulter-Bereich. Andere Patienten klagen über Atembeschwerden, die nicht organisch erklärt werden können; sie haben eine zugeschnürte Kehle, ein Würgen im Hals; auch Allergien aller Art treten auf, Hautjucken, Magenbeschwerden, Durchfälle, chronische Verstopfung, krampfartige Bauchschmerzen, Brechreiz, gynäkologische Beschwerden, um nur einiges zu nennen. In jedem Fall ist es richtig, diese Beschwerden auch rein medizinisch abzuklären, wenn auch meist der Befund lautet: »Organisch alles in Ordnung.«

Verspannungsschmerzen, wie die Beschwerden im Hals-Schulter-Bereich, entstehen oft, wenn Gefühle unterdrückt werden, um den Eindruck aufrecht zu erhalten, den die Fassade vermitteln soll. Alexander Lowen beschreibt eine junge Frau, die ständig ein Lächeln auf dem Gesicht trug und zu den Mitmenschen immer überaus freundlich war. Ann, so hieß die junge Frau, hatte aber einen ganz stark angespannten Kiefer. Ihr Lächeln war eine Fassade, die sie errichtet hatte, um vor der Welt zu verstecken, wie unglücklich sie eigentlich war. Ihr selber war dieser Widerspruch in ihr nicht bewußt, so sehr hatte sie sich mit ihrem Image identifiziert.

Nicht nur im Rücken, Nacken oder im Gesicht lassen Verspannungen auf unterdrückte Emotionen schließen; das gilt ganz allgemein für Verkrampfungen aller Art, zum Beispiel auch im Bauch. Unterdrückte Wut, die Wut im Bauch, zeigt sich auch in Verspannungen, wenn man die Schultern hochzieht und den Nacken versteift. Oft kommen Patienten, die schon seit Jahren in rheumatologischer Behandlung sind. Neuerdings hat man den Begriff der Psychorheumatologie geprägt (Weintraub) und versteht darunter keineswegs nur Beschwerden infolge eines Weichteilrheumatismus, sondern solche mit psychischer Ursache. Unterdrückte Tränen führen zur zugeschnürten Kehle und dem Kloß im Hals. Angst verursacht Bauchgrimmen, und unterdrückte Aggressionen lassen uns zum Beispiel die Kiefermuskeln anspannen. Man könnte diese Liste fast endlos weiterführen, und ich empfehle allen, die sich unwohl fühlen in ihrer Haut, ohne daß der Arzt eine Krankheit feststellen kann, zu prüfen, ob sie bei sich selber etwas von der Tendenz spüren, Gefühle zu unterdrücken.

Neben den körperlichen Beschwerden tragen auch viele narzißtisch Depressive *hypochondrische Ängste* mit sich herum. Oder es kommt vor, daß die körperlichen Beschwerden zusätzlich von hypochondrischen Befürchtungen überlagert werden und dadurch doppelt qualvoll sind. Unter Hypochondrie versteht man die übertriebene Beschäftigung mit dem eigenen Körper, wobei jedes noch so kleine Symptom angstvoll beobachtet wird. Natürlich ist es nicht hypochondrisch, wenn ein Schwer- oder chronisch Kranker sich immer wieder mit seinem Kranksein beschäftigt. Übertrieben wirkt es dann, wenn jemand, der an leichten Beschwerden leidet, sich in auffälliger Weise auf diese Beschwerden konzentriert und auch in seinen zwischenmenschlichen Beziehungen diese Beschwerden zum Hauptthema macht. Eine normale und verständliche Hypochondrie liegt vor, wenn Ängste aufkommen, zum Beispiel an Krebs zu erkranken, weil sich Anzeichen feststellen lassen, die durchaus auf ein Karzinom-Symptom hindeuten könnten. Das Ganze ist eine Sache der Verhältnismäßigkeit. Schwerwiegend und nicht mehr normal ist die Hypochondrie, wenn sie das Denken eines Menschen ganz zu beherrschen beginnt. Der Spezialistenparcours eines solchen Menschen und der entsprechende Ärzteverschleiß führt immer nur zu einer momentanen Entlastung. Das wird vom Patienten als überaus quälend und belastend erlebt, wie man sich überhaupt nicht darüber hinwegtäuschen darf, daß die Hypochondrie ein schweres, seelisches Leiden bedeutet.

Die hypochondrischen Befürchtungen bei narzißtisch depressiven Menschen sind denselben Schwankungen unterworfen wie die körperlichen Beschwerden. Plötzlich kann alles verschwinden wie ein Spuk; der Patient fühlt sich beschwerdefrei, es ist ihm wohl, oft fast unnatürlich wohl, und er wirkt geradezu euphorisch. Aber eine relativ kleine Kränkung, eine geringfügige Zurückweisung oder das Ausbleiben einer erwarteten Zustimmung können den Zustand der inneren Leere und die körperlichen Beschwerden im Nu wieder herbeizaubern.

Manchmal leiden narzißtisch depressive Personen an der Angst, wahnsinnig zu werden. Man kann dies so verstehen, daß der Kranke sein Ichselbst als schwach, als defekt erlebt und von einer immensen Angst befallen wird, sich aufzulösen, zu versinken, wahnsinnig zu werden. Oder aber er erlebt die innere Labilität als ein Auseinanderbrechen, das seiner körperlichen Integrität – man spricht von »Körperselbst« – droht (und was in ihm die hypochondrischen Befürchtungen wachsen läßt).

Das Streben nach Macht und Größe

Es mag zunächst unverständlich klingen, daß ausgerechnet narzißtisch Depressive nach Macht und Größe streben, doch wird dies aus zwei Gründen einsehbar: Erstens möchte der narzißtisch gestörte Mensch überhaupt – und zu ihm gehört ja der narzißtisch Depressive – sein narzißtisches Defizit kompensieren, was ihm gelingt, wenn er sich als groß, bedeutend und mächtig erlebt; zweitens kann er sich auf diese Weise am ehesten vor möglichen Demütigungen schützen. Einerseits kompensiert er also mit Phantasien seiner eigenen Großartigkeit, andererseits wehrt er ab und will sich unverwundbar machen. Dies alles geschieht unbewußt, und es braucht in einer Therapie viel Geduld, bis man diesen Problemkreis überhaupt thematisieren kann.

Monika, die schwer narzißtisch depressive Patientin, von der wir schon gesprochen haben, bekannte erst nach vierjähriger Therapie, daß sie eigentlich ständig bewundert werden möchte. Sie kann es jetzt formulieren; aber noch ist in ihr der Wunsch, der Therapeut möchte in ihre *Größenphantasien* einstimmen und sie in diesem Moment für alle Vorzüge, die sie so gerne haben möchte, loben – was ihr ein Gefühl von Macht gäbe –, und sie ist sehr frustriert, daß ihr dies in der gewünschten Form nicht zuteil wird.

Monika ist aber andererseits auch ein Beispiel dafür, daß es beim narzißtisch Depressiven auch *»negative« Größenphantasien* gibt. Das Versinken in die totale Selbstentwertung hat auch etwas Größenphantastisches an sich; Minderwertigkeitsgefühle sind die Kehrseite vom Größenwahn! Monika kennt diese völlig irrationale Selbstentwertung, die sie durch den Wunsch, toll gefunden zu werden, überdecken möchte: Niemand ist so gering, schwach, so schlecht, so blöd wie sie! Man darf aber nicht übersehen, daß der Depressive gerade auf diese Weise Macht über seinen Partner bekommt. Er zieht ihn durch seine selbstzerstörerische Selbstentwertung zu sich herab in die Schwärze der inneren Nacht und verleibt sich den andern durch seine Depression sozusagen richtiggehend ein.

Das Machtstreben des narzißtisch Depressiven hat oft etwas sehr Subtiles und wird als solches kaum auf Anhieb erkannt. Machtstreben, das sich im *Perfektionismus* zeigt, ist etwas sehr Häufiges. Der narzißtisch gestörte Mensch, und hier wiederum ganz speziell der narzißtisch Depressive, kann aber auch enorme Macht durch Selbstbeherrschung ausüben. Er scheint sich selber und die Dinge im Griff zu haben, wird dadurch irgendwie unerreichbar, unverwundbar, bleibt mächtig, ist zudem in seiner Beherrschtheit großartig – und das alles unter dem Deckmantel der Bescheidenheit, der Zurückhaltung, der menschlichen Reife. Wir haben hier ein Paradebeispiel vor uns, wie sehr ein Mensch in seiner Fassade leben kann, ohne sich des eigenen Schattens bewußt zu sein. Macht ausüben kann die Selbstbeherrschung auch dort, wo ein offensichtliches Leiden vorliegt – ich denke da an eine Familienmutter, die unter schweren Depressionen litt, ohne daß in der Familie darüber gesprochen wurde. Die Mutter zog zwar die ganze Aufmerksamkeit auf sich, aber durch ihre eigene Beherrschtheit verbot sie den andern jegliche menschliche Regung ihr gegenüber; alle hatten so kühl und distanziert zu sein wie sie selber. Solche Menschen ersticken jede Lebendigkeit ihrer Umgebung im Keime, und die Macht, die sie ausüben, besteht darin, daß man sich ihnen nicht entziehen darf, da sie doch – wenn auch großartig – leiden!

3. Kapitel

Die narzißtische Grundstörung und Gedanken zu ihrer Entstehung

Narzißtische Persönlichkeitsstörung und Versuche, sie zu »bewältigen«

Nach der modernen, psychoanalytischen Selbstpsychologie beruht die narzißtische Persönlichkeitsstörung auf einem Defekt des Selbst. Zu einem defekten Selbst kommt es, wenn dessen Entwicklung von frühester Kindheit an gestört wurde. Es gibt hierzu verschiedene theoretische Konzepte und Vorstellungen, auf die ich hier aber nicht eintreten möchte. Unter dem *»Selbst«* verstehen wir, im Anschluß an Kohut und seine Schule, den *Kern der Persönlichkeit*, das Zentrum des eigenen psychischen Universums. Aus dem Selbst bezieht der Mensch das Gefühl, ein unabhängiger Mittelpunkt von Wahrnehmung und Antrieb zu sein, sowie das Gefühl, daß Wünsche und Empfindungen, die er hat, zu ihm selbst gehören (*Selbstgefühl*). Er erlebt in seinem Selbst Kontinuität, das heißt, er weiß, daß er in der Vergangenheit, Gegenwart und Zukunft – von Wandlungsprozessen, die in ihm stattfinden, abgesehen – dieselbe Persönlichkeit ist. Schließlich bezieht der Mensch aus dem Selbst das Gefühl eines eigenen, nicht von außen abhängigen Wertes (*Selbstwertgefühl*). Doch das Selbst als solches ist nicht definierbar und in seiner Essenz nicht erkennbar. Es ist ein Ding an sich, also nach Kant ein Ding, das nur empirisch erfahrbar und anhand seiner Erscheinungsweisen sichtbar wird. Von seinen

Wirkungen her wissen wir, daß es da ist, auch wenn es für uns unsichtbar bleibt.

Beim pathologischen Narzißmus spricht man davon, daß das Selbst »krank«, »defekt«, »entleert«, »fragmentiert«, »fehlentwickelt« oder »unterentwickelt« ist. Ich habe diese Ausdrücke in Anführungsstriche gesetzt, um anzudeuten, daß es sich um Metaphern (Bilder) handelt. Man hat auch von einem »falschen« gegenüber einem »wahren« Selbst gesprochen. Das falsche Selbst ist dann als eine Art Fassadenselbst gemeint, mit welchem sich das Ich identifiziert, während das wahre Selbst unerkannt, verborgen und verleugnet hinter der Fassade liegt.

Wie auch immer, in jedem Fall sind bei der narzißtischen Persönlichkeitsstörung zwei grundlegende Gefühle gestört:

1. *Das Selbstwertgefühl*: Weil das Selbst defekt ist und hinter der Fassade versteckt bleibt, ist beim narzißtisch gestörten Menschen das Selbstwertgefühl schwach und labil; man sagt in diesem Fall auch, das narzißtische Gleichgewicht sei gestört, und meint damit, daß ein solcher Mensch in hohem Maß auf die Anerkennung und Bewunderung von außen angewiesen ist. Natürlich sind wir alle in einem gewissen Ausmaß an die Anerkennung und Zuwendung, die wir von anderen Menschen erfahren, gebunden. Im Gegensatz zum normalen Narzißmus, wie ihn jeder hat, hängt beim narzißtisch gestörten Menschen das Gefühl für den eigenen Wert fast ausschließlich von der Umwelt ab. Zur Kompensation seiner Unsicherheit und Minderwertigkeit baut er ein *Größenselbst* auf, mit welchem er stets neue Zuwendung, Bewunderung und Spiegelung von anderen Menschen erheischt. Das Größenselbst produziert Größenphantasien, das heißt Phantasien von der eigenen Großartigkeit, welche genährt werden wollen und den Wunsch nach Bestätigung von außen nur immer neu entfachen.

2. *Das Selbstgefühl*: Dieses hängt davon ab, wie gut oder wie schlecht jemand das eigene Selbst, also sich selbst wahrnimmt. Ist das Selbstgefühl nur schwach ausgebildet, hat man keinen wirklichen Zugang zu den eigenen Gefühlen, Wün-

schen und Bedürfnissen; es klingt nichts wirklich an innerlich; es findet keine Anregung statt; man hat den Eindruck, in einer öden Leere zu vegetieren; es ist arm und leer in einem; man langweilt sich furchtbar.

Gerade das mangelnde Selbstgefühl zeigt uns, daß der narzißtisch gestörte Mensch sich selbst nicht lieben kann. Er ist im Gegenteil sich selbst entfremdet. Denn das Gefühl für das eigene Selbst ermöglicht erst die wirkliche Selbstliebe. *Narzißmus ist daher nicht gleich Selbstliebe!* Dieses Mißverständnis ist nämlich immer noch weit verbreitet. Sogar in dem von Wilhelm Arnold, Hans Jürgen Eysenck und Richard Meili im Jahre 1976 herausgegebenen »Lexikon der Psychologie« ist unter dem Stichwort »Narzißmus« zu lesen: »Narzißmus oder Selbstliebe«.

Der Mensch mit einer narzißtischen Persönlichkeitsstörung versucht unbewußt, die Grundstörung im Selbst zu kompensieren oder durch Abwehrmechanismen zu bewältigen. Wir sind diesen Kompensations- und Abwehrmechanismen bei der Besprechung der Symptome schon ausführlich begegnet und wollen sie an dieser Stelle nur systematisch zusammenfassen.

Als Kompensationsmechanismen sind zu verstehen:

1. *Die Ausbildung eines Größenselbst*: Anstelle des realen, aber unterentwickelten oder defekten Selbst phantasiert man ein unrealistisch hohes Idealbild von sich selber, eben ein Größenselbst. Man phantasiert sich seine eigene Grandiosität in jedem nur möglichen Bereich. Das Erlebnis, das mir diese Kompensation vermittelt, kann wie folgt umschrieben werden: »Es scheint nur, als sei ich schwach; eigentlich bin ich vollkommen.«

2. *Die Idealisierung*: In der Idealisierung werden alle unerfüllten Vorstellungen und Wünsche, die man von sich selber hegt, auf einen anderen Menschen übertragen, der sich dafür eignet. In der Verschmelzung mit dem idealisierten Menschen fühlt man sich selber vollkommen. Erlebnishaft läßt sich diese Kompensation des geschwächten Selbstwertgefühles, die Idea-

lisierung also, wie folgt umschreiben: »Ich bin schwach, und du bist vollkommen; ich bin ein Teil von dir und werde dadurch auch vollkommen.«

3. *Das Streben nach Macht*: Die Kompensation, die hier stattfindet, trifft man häufig an bei Vätern und Müttern, die selber narzißtisch gestört sind. Als sie noch Kinder waren, erlebten sie die offen oder auch subtil ausgeübte Macht ihrer eigenen Eltern in Form von immer neuen Demütigungen, so daß ihre eigene Entwicklung behindert wurde. Haben solche Menschen nun selber Kinder, so besteht die große Gefahr, daß sie unbewußt diese so behandeln, wie sie selbst dereinst behandelt worden sind. Sie üben ihre Macht an den kleinen, wehrlosen Geschöpfen, die völlig auf sie angewiesen sind, aus und geben Demütigungen und Verachtung weiter, die sie selbst empfangen haben; dabei sind sie überzeugt, daß sie es gut meinen mit ihren Kindern. Das bewußte Erleben, das eigene Kind wahrhaft zu lieben, kann durchaus dasein. Das Unbewußte kann dabei eine ganz andere Sprache sprechen, zum Beispiel: »Du, mein Kind, bist mir recht und lieb, wenn du genau so bist, wie ich dich haben will; bist du aber nicht so, so bist du mir kein bißchen lieb, und ich verachte dich. Da ich groß und mächtig bin, du aber klein und schwach, zwinge ich dich, mein Kind, so zu sein, wie ich es wünsche.«

Entdeckt man bei Eltern diese unbewußte Machtausübung, stößt man meistens auf größte Abwehr, wenn man sie damit konfrontiert. Als ein inzwischen längst erwachsener Mann seiner Mutter gegenüber einmal äußerte, er habe nicht nur schöne Erinnerungen an seine Kinderzeit und habe oft darunter gelitten, daß er stets so brav sein mußte, sprach sie mit ihm längere Zeit kein Wort mehr.

Als Abwehrmechanismen sind zu verstehen:

1. *Die Verachtung und die Herabsetzung*: Wie wir gesehen haben, kennt der narzißtisch gestörte Mensch eigentlich nur zwei Verhaltensweisen, die ihm aber in der Regel gar nicht bewußt sind. Auf der einen Seite verachtet er insgeheim die Men-

schen in seiner Umgebung und empfindet eine ziemliche Geringschätzung für sie, und auf der anderen Seite hebt sein Gefühl einige – oder auch nur einen – Menschen heraus, den er dann sehr idealisiert. Vor einiger Zeit kam ein Mann in meine Sprechstunde, weil man ihm vorwarf, er sei zu Untergebenen und Mitarbeitern, ja auch zu seiner Frau meist unfreundlich. Vor allem bemängle man an ihm, daß er auf Fragen oft keine Antwort gebe. Wie das Gespräch ergab, mußte er sich eingestehen, daß er die meisten Fragen seiner Mitmenschen keiner Antwort für würdig erachtete. Daraus erkennt man, daß bei ihm eine ausgeprägte Verachtung der anderen Menschen vorliegt, von der er aber nichts wußte.

Verachtung und Herabsetzung sind Abwehrhaltungen. Aufgrund der massiven Demütigungen und der Verachtung, denen jemand als Kind ausgesetzt war, entsteht ein gewaltiges Potential an Neid und Haß. Dieses Potential ist so mächtig, daß es ständig abgewehrt werden muß, sonst würde sich eine nicht zu stoppende Flut von Aggressionen auf andere Menschen ergießen. Die Abwehr besteht darin, daß möglichst jeder Anlaß für Neid und Haß beseitigt wird. Ein Weg dazu ist die Herabsetzung und Verachtung des anderen Menschen; wenn er nichts mehr wert ist, brauche ich ihn auch um nichts zu beneiden und muß ihn auch nicht hassen. Die Abwehr erfolgt unbewußt, und so bleibt der ganze Mechanismus erst einmal verborgen. Für uns ist es wichtig, denjenigen, der sich ständig verachtend über seine Mitmenschen äußert, als jemanden zu erkennen, der die frühkindlich erworbenen massiven Aggressionen in Form von Herabsetzung zu bewältigen versucht.

2. *Die Abwehr der Abhängigkeit*: Ähnlich verhält es sich mit der für den narzißtisch gestörten Menschen so typischen Abwehr der Abhängigkeit von einem anderen Menschen. Das enorme Bedürfnis, die Abhängigkeit von anderen zu verleugnen – ein ebenfalls in der Regel unbewußter Abwehrvorgang –, äußert sich auch in der Sprechstunde, sei es durch oft jahrelangen Widerstand in der Beziehung zum Analytiker, sei es durch Herabsetzung und Entwertung des analytischen Prozesses so-

wie oft auch des Analytikers, sei es durch den Versuch, möglichst total frei zu bleiben von Emotionen. Wie erwähnt, kann der narzißtisch gestörte Mensch nur dort Abhängigkeit akzeptieren, wo er einen Menschen idealisiert und in der Phantasie mit ihm verschmilzt.

In der Abwehr der Abhängigkeit zeigt sich auch der Versuch, frei zu bleiben von Neid- und Haßgefühlen und damit auch frei von der Gefahr, wie in der Kindheit manipuliert und mißbraucht zu werden.

3. *Gefühlsarmut*: Gefühle und tieferreichende emotionale Spannungen müssen abgewehrt werden, was den Eindruck von Gefühlsarmut vermittelt. Der narzißtisch gestörte Mensch durfte in der Kindheit seine wirklichen Gefühle nur sehr partiell leben. Gefühle der Trauer, der Wut, des Hasses, des Neides und ähnliches waren allesamt unerwünscht; ein Kind, das solche Gefühle hatte und zu zeigen versuchte, galt als »böses« Kind, das weder von den Eltern noch sonstigen wichtigen Personen geliebt wurde. Darüber hinaus ist die »Fähigkeit«, Gefühle und Emotionen leben zu lassen, eine Überlebensstrategie; wir nannten sie eine »gnädige Anästhesie« und meinten damit einen inneren Zustand, der uns hilft, Wunden und Verlassenheit nicht mehr allzu schmerzlich erleiden zu müssen.

4. *Überanpassung und Fassade*: Narzißtisch gestörte Menschen sind in der Regel – auch dies ist eine Überlebensstrategie, die aus der frühesten Kindheit datiert – gut bis überangepaßt und daher sozial nicht auffällig, sondern meist angenehm im Umgang und tüchtig in der Arbeit. Sie haben eben im Laufe der Zeit eine perfekte Fassade aufgebaut.

Abwehr- und Kompensationsmechanismen gehen oft Hand in Hand. Betrachten wir zum Beispiel die *Reaktion auf eine geringfügige Kränkung*. Jede Kränkung erzeugt einen vorübergehenden Verlust im Selbstwertgefühl. Normalerweise reagieren wir auf eine leichte Kränkung mit einer Realitätsprüfung. Wir fragen uns zum Beispiel: »Habe ich recht gehört? Hat er das wohl so gemeint? Wollte mich der andere wirklich kränken, oder habe ich es nur so empfunden, als ob er es wollte?

Trifft der Vorwurf, der mich kränkt, zu, oder schießt er daneben?« Im ersten Fall: »Ist es nötig, daß ich mich zur Wehr setze oder soll ich die Sache auf sich beruhen lassen?« Im zweiten Fall: »Was kann ich verbessern? Ist der Vorwurf vielleicht gar nicht als solcher gemeint, sondern ich erlebe ihn so, weil er meinen Perfektionismus trifft?« Indem ich mich auf diese Weise befrage und mit dem Vorgang beschäftige, kann die Kränkung relativiert und verarbeitet werden. Der narzißtisch gestörte Mensch hingegen kann mit einer Kränkung nicht so umgehen. Sein psychisches Gleichgewicht kann schon durch ganz geringfügige Kränkungen derart ins Wanken geraten, daß er entweder von einer ohnmächtigen Wut gepackt wird oder in eine akute Depression fällt. Die Reaktion auf eine Kränkung, die wir bei ihm am häufigsten antreffen, besteht im *narzißtischen Rückzug*, einer Mischung von Abwehr und Kompensation: In der Abwehr zieht sich der narzißtisch gestörte Mensch in sein »Schneckenhaus« zurück, voller Scham und Mitleid mit sich selber; in der Kompensation phantasiert er die Kränkung weg, verdrängt sie und ersetzt sie durch Größenphantasien, die ihn unverletzbar zu machen scheinen.

Ein Beispiel: Jemand schickt ein Gedicht an eine Zeitung mit dem Wunsch, es möge veröffentlicht werden. Die Zeitung schickt das Gedicht zurück mit der Bemerkung, es sei ungeeignet. Der Einsender ist gekränkt und schmollt; doch bald darauf fühlt er sich als verkannter Dichter und findet die Zeitungsredakteure blöde Banausen, die nichts von Lyrik verstehen. So kann man sich in zahlreichen Fällen über eine Kränkung hinwegsetzen, indem man sich unverstanden fühlt und seine »eigentliche« Größe phantasiert.

Größenphantasien sind wir schon im zweiten Kapitel begegnet, so auf den S. 58 und 79. Sie sind im Kindesalter völlig normal. Nach Kohut gehört es zur normalen seelischen Entwicklung, daß das Kleinkind, wenn es die symbiotische Primärphase verläßt, in eine Phase des sogenannten Größenselbst eintritt. In seiner Phantasie fühlt sich das Kind vollkommen und mächtig. Natürlich werden schwere Konflikte, die das

Kind oftmals die eigene Ohnmacht verspüren lassen, nicht ausbleiben; doch sie tragen zur weiteren Reifung bei, sofern sie nicht die seelischen Kräfte des Kindes übersteigen. In einer späteren Phase wird das Größenselbst nicht mehr auf die bisherige archaische Weise phantasiert und agiert, sondern verinnerlicht. Es entsteht dann allmählich das Ideal-Selbst, das heißt ein ideales Bild von sich selbst, das oft mit der Realität kontrastiert: So und so möchte ich sein, ja bin ich »eigentlich« auf der einen Seite; auf der andern Seite muß ich immer wieder ernüchtert erleben, wie ich »wirklich« bin. Zum Ideal-Selbst gehören Größenphantasien, die wohl jeder Mensch bei sich bemerkt, wenn er nur tief genug in sich zu schauen vermag. Manch einem ist es durch Beruf, eigene Brillanz oder gesellschaftliche Situation sogar vergönnt, die eigene Grandiosität im Erwachsenenalltag immer wieder einmal zu leben. Dem narzißtisch gestörten Menschen dienen Größenphantasien, wie wir gesehen haben, der Kompensation und Abwehr von Minderwertigkeitsgefühlen und Depressivität. Wichtig ist in jedem Fall, daß der Mensch im Laufe seines Lebens lernt, seine Größenphantasien zu erkennen und mit ihnen umzugehen. Dies ist ein ganz wesentlicher Reifungsschritt, im Falle der narzißtischen Depression auch ein Heilungsschritt.

An dieser Stelle noch ein Wort zur *Häufigkeit der narzißtischen Persönlichkeitsstörung*: Ich glaube, man trifft sie nicht nur deswegen in der psychotherapeutischen Praxis so oft an, weil man sie – man kennt sie erst seit etwa zwanzig Jahren – immer besser erkennen lernt, sondern ganz wesentlich auch darum, weil hier tatsächlich ein neues psychisches Krankheitsbild entstanden ist, das im Zusammenhang steht mit dem Bruch, der in der Tradition stattgefunden hat. Wo die Verwurzelung des einzelnen in der Gemeinschaft – ich denke da an die Großfamilie, die Kirche etc. – zu schwinden beginnt, wo sich zunehmend die Individualität entwickelt, wo anstelle des »man« das »ich« tritt, erfährt sich der Mensch auch immer wieder besonders stark in seiner Verletzlichkeit und Unsicherheit. Außen hat er nichts mehr, worauf er zurückgreifen, woraus er schöpfen, woran er sich orientieren kann, da ihn der Wurzelboden der Tradition nicht mehr wirklich trägt. Wenn dann noch der Bezug zu einer geistigen religiösen Dimension fehlt, fallen wir in diesem Prozeß, der sich über Generationen erstrecken kann, erst einmal ins Leere. Die Befreiung aus Konvention und Tradition führt in neue Schwierigkeiten. Wir werden zwar individueller; doch dieser Entwicklungsschritt der Menschheit hat seinen Preis. Der Preis besteht in der Entstehung von Neurosen, zum Beispiel im verstärkten Auftreten von narzißtischen Persönlichkeitsstörungen und ihren depressiven Ausformungen.

Die Depression als Zusammenbruch der »Bewältigungsmechanismen«

Solange die erwähnten Mechanismen der Kompensation und der Abwehr funktionieren, bleibt ein prekäres Gleichgewicht gewahrt. Die narzißtische Depression, wie wir sie im zweiten Kapitel beschrieben haben, bleibt dem Betroffenen als solche vielleicht mehr oder weniger unbewußt; er vermag noch nicht richtig zu erkennen, daß er eigentlich an einer Depression leidet, während der geübte Beobachter, der die Palette der Symptome kennt, die Krankheit bereits erfassen kann. Immerhin ist der Leidensdruck auch bei der mehr oder weniger latenten, schlecht und recht kompensierten Depression in vielen Fällen so groß, daß der Betroffene einen Therapeuten aufsucht, während dies bei dem grandiosen Neurosentypus der narzißtischen Persönlichkeitsstörung kaum je der Fall ist. Wenn nun das prekäre Gleichgewicht, das ich erwähnt habe, gestört wird, tritt die Depression als solche offen zu Tage. Dies kann der Fall sein, wenn eine geringfügige Kränkung eintritt, eine banale Frustration oder eine ganz gewöhnliche Enttäuschung; plötzlich ist das Maß voll, und es versagen die Abwehr- und Kompensationsmechanismen. Im Fall von Doris kann man feststellen, wie sich fast durch die ganze Krankheitsgeschichte eine narzißtische Depression hindurchzieht, die manchmal leidlich kompensiert werden konnte und manchmal als schwere depressive Krise manifest wurde. An Beispielen im zweiten Kapitel habe ich gezeigt, wie häufig grandiose Phasen von depressiven abgelöst werden und umgekehrt. Für die leichteren wie für die schwereren Formen der narzißtischen Depression ist es typisch, daß sie grandiose Elemente enthalten; nur handelt es sich hier um eine *negative Grandiosität*. Der narzißtisch Depressive erlebt sich nicht nur als wertlos, sondern als der *Wertloseste von allen*. Das Gefühl, völlig wertlos zu sein, kann anhand einer Kränkung dermaßen stark erlebt werden, daß der Betroffene jedes Maß verlieren kann in der Aburteilung seiner selbst. Er ist dann der schuldigste, der schlechteste, der wertloseste, der unmöglichste Mensch unter der Sonne. Er wird sich unbewußt immer wieder in Situationen hineinmanövrieren, die dieser Stimme recht geben und den »Beweis« erbringen, daß bei ihm tatsächlich Hopfen und Malz verloren ist. Das ruhige, angenehme Leben scheint ihm nicht zuzustehen, darf für ihn nicht sein, ist er doch der Verwerflichste von allen. Unbewußt wird er versuchen, die anderen davon zu überzeugen, daß an ihm nichts Wertvolles ist, nichts, das ihn liebenswert macht, daß er ein Niemand ist und deshalb auch von niemandem geliebt werden kann. Ist er religiös veranlagt, fühlt er sich nicht nur als Abschaum der Menschheit, sondern auch von Gott abgeurteilt und in die Hölle verbannt. Was wir mit Fegefeuer bezeichnen, gibt exakt wieder, was da geschieht.

Dazu kommt, daß sich der narzißtisch Depressive für seinen Zustand, für seine Wertlosigkeit, die er empfindet, auch schuldig fühlt. Er fühlt sich für sein Leiden verantwortlich und schuldig für das Ungemach, das ihm widerfährt und das seinetwegen, wie er glaubt, auch über seine Umgebung kommt. Auch hier mischt sich Großartigkeit hinein und läßt seine Schuld ins Unermeßliche wachsen. Seine Verfassung nimmt nun eine Dimension an, die man dämonisch nennen kann. Das tatsächlich *Dämonische*, das da wütet, ist psychoanalytisch gesprochen das *Über-Ich*. Dieses ist einerseits eine verbietende und zensierende Instanz in uns und verkörpert als solche das moralische Gesetz in uns. Andererseits bildet das Über-Ich auch Ideale aus und entspricht dem Ich-Ideal, das heißt, dem Idealbild, das das Ich von sich hat und dem es entsprechen möchte. Für Sigmund Freud ist das Über-Ich die Auslöserinstanz von unbewußter Selbstentwertung, welche die neurotischen Schuldgefühle erzeugt. In der psychoanalytischen Literatur begegnet man immer wieder (so bei E. Jacobson und R. Battegay) der Einsicht, daß der Depressive von einem gnadenlosen, archaischen Über-Ich beherrscht wird. Dieses zwingt als autonome Kontrollinstanz den Betroffenen, stets vollkommen und perfekt zu sein, mit anderen Worten: grandios. Religiös gesprochen, ist ein solcher Mensch Sklave eines dämonischen Götzen, der ihn fehlerlos haben will und der damit im absoluten Gegensatz steht zu Gott, der uns mit all unseren Fehlern annimmt und liebt.

Die Frustration narzißtischer Bedürfnisse in der frühen Kindheit

Über die Ursachen der narzißtischen Persönlichkeitsstörung und damit auch der narzißtischen Depression ist schon viel diskutiert worden. Dabei scheint sich ganz deutlich *ein* ursächlicher Faktor herauszukristallisieren: Wiederholte seelische Verletzungen, welche normale narzißtische Bedürfnisse besonders in der frühen Kindheit, aber auch später verhindern, lassen die narzißtische Persönlichkeitsstörung entstehen und damit die Basis der narzißtischen Depression. Der Säugling hat im Symbiosestadium, das etwa in der sechsten Woche seines Lebens beginnt, eine große, aber durchaus normale narzißtische Bedürftigkeit. In dieser Phase, die ein gutes Jahr dauert, ist sein Narzißmus so natürlich wie seine Atmung und absolut notwendig zum Aufbau eines guten Selbstwertgefühls. Es ist für das kleine Wesen entscheidend wichtig, mit seiner Hauptbezugsperson – in der Regel ist es die Mutter, an deren Stelle aber auch ein anderer Mensch treten kann – eine symbiotische Beziehung eingehen zu können. In dieser symbiotischen Beziehung erlebt es sich als mit seiner allerwichtigsten Bezugsperson verschmolzen, es ist eins mit ihr. Der Säugling benötigt viel Wärme, Geborgenheit, fragloses Anerkanntsein und viel bewundernde Liebe. Die Mutter kann ihm dadurch, daß sie ganz auf ihn bezogen ist, sich ihm mit Blicken zuwendet, das Gefühl vermitteln, welch großes Wunder es ist, ein Mensch zu sein; ihre fürsorgliche Liebe und ihr Dasein geben dem Kind Sicherheit und das Gefühl des absoluten Vertrauens. Wenn bei einer Mutter indessen ihre eigenen Ängste und Nöte im Vordergrund stehen, oder wenn in der Liebe, die sie ihrem Kind gibt, bereits ehrgeizige Hoffnungen und Pläne eingewoben sind, sucht das Kind vergebens die Spiegelung *seiner* momentanen Bedürfnisse im Antlitz der Mutter.

Auch in der Zeit nach der Symbiose, vom zweiten Lebensjahr an, hat das Kleinkind ein mächtiges Verlangen nach spiegelnder Zuwendung, nach Geborgenheit und Anerkennung. Margret Mahler nennt diese Phase »Trennung und Individuation«: Das Kleinkind beginnt sich aus dem symbiotischen Bereich hinauszubegeben; es entdeckt seine nächste Umwelt, das heißt, es wagt sich für einen kurzen Moment aus der Sichtweise der Mutter heraus; so übt es die Trennung, um sich aber sogleich wieder anzunähern. Wird es in seinem Trennungsbedürfnis, in seiner Eigenständigkeit unterstützt, gelingt es ihm, vertrauensvoll als ein von der Mutter getrenntes Wesen, als Individuum zu existieren. Während dieser Zeit bleibt das Kind aber enorm verletzlich, und es braucht unglaublich wenig, um es zu entmutigen. Zwei extreme Haltungen von seiten der Mutter sind zu diesem Zeitpunkt für das Kleinkind sehr schwer zu ertragen: Die Mutter, die sich durch das Experimentierbedürfnis ihres Kindes gestört fühlt, die sich über die unvermeidliche Unordnung, die entsteht, wenn das Kind die Welt der Gegenstände zu entdecken beginnt, ärgert, wird es entmutigen und zurückbinden oder gar zurückstoßen. Und auf der anderen Seite gibt es die Mutter, die selber darauf angewiesen ist, daß ihr Kind seine volle Abhängigkeit an sie behält; sie wird in dieser ersten Trennungsphase ebenfalls sehr ungeschickt reagieren, so daß ein sensibles Kind befürchtet, der Mutter mit seinem Interesse an anderem als an ihr einen starken Schmerz zuzufügen. In beiden Fällen wird sich das Kind anpassen, um die Liebe der Mutter nicht zu verlieren; es wird ein braves Kind, wobei gerade *so* oft der Keim für eine narzißtische Depression im späteren Leben gelegt wird.

Heinz Kohut hat von der »optimalen Versagung« gesprochen. Ich glaube, dieser Begriff zeigt recht gut, worum es geht. Keine Mutter, kein Vater, keine andere liebende Bezugsperson kann dauernd und uneingeschränkt die kindlichen narzißtischen Bedürfnisse befriedigen. Ebensowenig ist es möglich, dem Kind stets eine maximale Einfühlung zu schenken und es auf diese Weise vor möglichen Enttäuschungen und Kränkungen zu bewahren. Das ist aber auch gar nicht nötig und nicht einmal wünschenswert. Ein Zuviel in beide Richtungen wirkt sich kontraproduktiv aus. Gewiß, zu viele und zu schmerzliche Frustrationen, Kränkungen und Enttäuschungen hemmen die seelische Entwicklung. Da aber das Leben selbst niemandem solche schmerzlichen Erfahrungen ersparen wird, ist es für das Kind auch höchst ungünstig, wenn es – gewissermaßen in Watte eingepackt –, von allen schwierigen Situationen ferngehalten wird und meint, stets nur aus dem vollen schöpfen zu können. So wird ihm eine sehr verzerrte Sicht des Lebens zuteil. Verwöhnende Erziehung beraubt das Kind der Möglichkeit, stabile seelische Strukturen zu errichten und sich der Umwelt gewachsen zu fühlen. Es wird auch die Anpassung, die notwendig ist, um im Leben zu bestehen, nicht erlangen und bleibt in seinem Ich unreif. Wird das Kleinkind zu lange in seinen narzißtischen Bedürfnissen unterstützt, so daß es ein einseitiges Bild von der Realität erhält, wird es sich später schwertun im Kontakt mit anderen Menschen. Besonders Knaben, die von ihren Müttern einerseits sehr verwöhnt und andererseits auch zur Zielscheibe des mütterlichen Ehrgeizes gemacht werden, sind in großer Gefahr, in der kindlichen Grandiosität zu verharren, und haben es später schwer, wenn sie einsehen müssen, daß sie bei weitem nicht so überragend sind, wie sie es sich vorgestellt hatten.

Auf der anderen Seite ist es lediglich ein Zuviel an Enttäuschung, ein Zuviel an Frustration und Kränkung, das sich krank machend und entwicklungshemmend auswirkt. Zwischen Verwöhnung auf der einen und krank machender Versagung auf der anderen Seite steht nun also die optimale Versagung.

Mütter von narzißtisch gestörten Menschen verhalten sich selten lieblos. Selber erleben sie sich sogar als besonders liebevoll, da sie sich ihrer Meinung nach für ihre Kinder richtiggehend aufopfern. Aber diese Liebe und Zuwendung ist nicht gleichzusetzen mit bedingungsloser Liebe und Zuwendung. Ihre Haltung dem Kind gegenüber könnte man etwa in folgende Worte fassen: »Kind, wenn du so bist, wie ich es mir wünsche und es meinen eigenen Bedürfnissen entspricht, dann schenke ich dir meine Liebe und wende mich dir zu; wenn du aber nicht so bist, wenn du mich enttäuschst und dich entgegen meinen Erwartungen verhältst, dann entziehe ich dir meine Liebe, dann will ich dich nicht, dann hast du nichts von mir zu erwarten.« Dies spielt sich natürlich nicht im Bewußtsein ab; es handelt sich durchweg um unbewußte Reaktionen und Motivationen. Aber auf diese Weise – gerade weil alles so unbewußt verläuft – erhält das Kind Zuwendung und Anerkennung *nur unter der Bedingung*, daß es ein »braves« Kind ist. Das sogenannte »böse« Kind ist nicht eigentlich schlecht und böse, es entspricht lediglich den Erwartungen und Wünschen der Mutter, resp. der Eltern nicht. Ihm wird die Liebe entzogen; es wird bestraft und weiß oft nicht einmal genau, wofür. Ein Kind hat in dieser Situation eigentlich nur zwei Möglichkeiten: Entweder es paßt sich an und wird ein »braves« Kind, oder es lehnt sich auf und wird ein »böses« Kind. Die Wahl, die es trifft, hängt von seiner seelischen Konstitution ab. Besitzt es eine starke seelische Konstitution, lernt es meistens schon sehr früh, sein Selbstwertgefühl nicht ausschließlich von der Anerkennung der Eltern zu beziehen. Es ist, als ob es unbewußt spüren würde, daß in dieser Richtung ohnehin nicht viel zu holen ist, da es den Eltern selber ja an echtem Selbstwertgefühl mangelt. Ist es zudem von Geschwistern umgeben, haftet nicht die ganze Aufmerksamkeit auf ihm, und das hilft ihm, seine Eigenständigkeit zu entwickeln. Es ist dann zwar kein angepaßtes Kind und wird gern als schwarzes Schaf in der Familie angesehen. Je älter es wird, desto heftiger setzt es sich für seine Rechte ein und benimmt sich rebellisch gegenüber den Eltern. Ein solches Kind hat es eigentlich sehr schwer, weil ihm von Anfang an nie wirkliche Anerkennung und Aufmerksamkeit geschenkt wurde; aber es lernt sich durchzusetzen. Es wird auch als erwachsener Mensch kein leichtes Leben haben und immer in irgendeiner Form um seine Anliegen kämpfen müssen.

Ein anderes Kind, dessen seelische Grundanlage sensibel, aber dafür auch sehr verletzlich ist, wird den Weg des »braven« Kindes wählen. Es neigt dazu, sich anzupassen; es lernt die Wünsche und Erwartungen der Eltern zu erspüren und erfüllt sie in der Regel unaufgefordert. So wird es zu einem verfügbaren Kind und gelangt dadurch in den Genuß der elterlichen Anerkennung und Zuwendung, die es unbedingt braucht. Es gilt als liebes, braves Kind, was sich noch besonders verstärkt, wenn es Geschwister hat, die sich eben nicht anpassen und es den Eltern schwermachen. Um so stärker werden die Augen der Eltern mit viel Wärme und Freude auf ihrem so lieben Kind ruhen, und es wird eine schöne Kindheit haben; aber sein Selbstwertgefühl kann sich in diesem Klima nicht entwikkeln, ja seine Persönlichkeit kann sogar schweren Schaden nehmen, und es entwickelt sich bei ihm eine narzißtische Störung. Zwischen diesen beiden extremen Verhaltensweisen gibt es natürlich viele Zwischenstufen und Mischformen.

Eltern, die ihre Kinder narzißtisch besetzen, ihnen kein wirkliches Eigenleben zugestehen, sind im Grunde selber schwache, unsichere und in ihrem Selbstwertgefühl labile Menschen. Immer wieder höre ich, daß Mütter, die sich in ihrem Leben nicht glücklich fühlen, ihre Töchter in die Welt ihrer Sorgen mit hineinziehen und von ihnen getröstet werden wollen. Sie teilen alle ihre Sorgen mit dem Kind, das der Mutter stets mit größtem Verständnis begegnen muß. Es hat die Mutter zu beschwichtigen, aufzumuntern, sollte sie möglichst schonend behandeln und stets lieb zu ihr sein, was es aber nur kann, wenn es alle seine eigenen Bedürfnisse unterdrückt. Das ist aber ein Mißbrauch des Kindes; denn dieses kann nicht und möchte auch nicht stets nur brav sein. Dann aber gerät die Mutter in eine noch größere Not und entzieht ihm zudem ihr Vertrauen und ihre Liebe. Es darf die Mutter auch nicht kritisieren, da sie sich ja für eine gute, aufopfernde Mutter hält und dies auch immer wieder von ihrem Kind hören will. Sie benötigt, gerade weil sie eigentlich unzufrieden ist mit ihrem Leben, neben dem Trost und dem Verständnis von seiten der Tochter unendlich viel Dankbarkeit für ihren Einsatz.

Jungen wiederum werden von der Mutter besonders dann mißbraucht, wenn sie in Konflikt gerät mit ihrem Ehemann. Dieser, der ja immerhin der Vater des Kindes ist, wird von der Mutter entweder mit Worten oder indirekt durch ihre Haltung herabgesetzt und schlechtgemacht, wobei sie dadurch noch besonders edel, gütig und fehlerlos erscheint. Dieses Verhalten der Mutter kann beim Sohn, abgesehen von der narzißtischen Persönlichkeitsstörung, zu einem verschärften ödipalen Konflikt führen, der bewirkt, daß er im späteren Leben zur Fehleinschätzung der Geschlechter neigt, schwere Probleme mit seiner Identitätsfindung als Mann haben kann und sich zudem auch sexuelle Störungen einstellen können.

Wir müssen uns immer wieder vor Augen halten, daß sich eine narzißtische Persönlichkeitsstörung dort entwickeln wird, wo ein sensibles Kind mit Eltern aufwächst, die nicht oder ungenügend in der Lage sind, es in seinen eigenen natürlichen Bedürfnissen zu unterstützen. Mütter von narzißtisch gestörten Patienten sind bei aller vordergründigen Liebenswürdigkeit oft dominierend, kalt und herabsetzend. Gerade in ihrer betonten Fürsorglichkeit sind sie gefühlsarm und können weder Geborgenheit noch Wärme vermitteln. Sie üben ihre

Macht eher subtil aus, das heißt, sie neigen nicht dazu, ihr Kind grob zu bestrafen; aber sie tauchen es in ein ständiges Wechselbad, das zwischen Zuwendung und Liebesentzug hin- und herpendelt: Entweder sind sie überschwenglich oder dann können sie tagelang schweigen und ihr Kind mit schmollender Nichtbeachtung strafen. Solche Wechselbäder sind sehr qualvoll für ein Kind, und als Erwachsener hat es oft ein Leben lang mit großer Angst zu kämpfen, sich falsch zu benehmen (was Liebesentzug bedeuten könnte). Andere Mütter beherrschen das Familienklima durch ihr mürrisch-aggressives Verhalten und zeigen so deutlich, wer die »Hosen anhat«. Wieder andere Mütter appellieren laut oder auch unausgesprochen an ihr Kind, daß es sie um Himmels willen schonen soll. Um dies zu erreichen, erleiden sie bedrohlich wirkende Zusammenbrüche, Herz- oder Migräneattacken und anderes mehr. Diese physischen Beschwerden wirken allesamt ernsthafter, als sie in Wirklichkeit sind, verfehlen aber selten ihren Zweck, der darin besteht, im Mittelpunkt zu stehen und das Verhalten der anderen zu bestimmen. Die meisten Kinder fühlen sich durch diese physischen Zustände sehr bedroht; sie befürchten, die Mutter könnte ja sterben, und dann sei es ihre, der Kinder Schuld, da sie durch ihre Bosheit die Mutter ins Grab bringen. Die Geschichte von Doris hat uns besonders deutlich gezeigt, wie beim Kind enorme Schuldgefühle gezüchtet werden können und wie es gelingt, es fügsam zu machen.

Auch an dieser Stelle muß betont werden, daß das erwähnte Verhalten einer solchen Mutter in der Regel völlig unbewußt bleibt. Und zudem will ich nicht den Eindruck erwecken, alle Mütter, die es in ihrem Leben aus irgendeinem Grund sehr schwer haben, seien in einen Topf zu werfen. Es geht hier nur und ausschließlich darum, zu zeigen, wie unbemerkt und deshalb besonders wirksam die verschiedenen Verhaltensweisen sind, die uns zur Machtausübung dienen können.

Väter von narzißtisch gestörten Menschen sind oft selber schwache, unsichere Persönlichkeiten, die allerdings mächtig zu kompensieren verstehen. Oft sind sie in der Familie gar nicht richtig vorhanden, oder sie sind bedeutungslos. Sie suchen ihre Bestätigung eher außen, im Beruf, in der Karriere, und überlassen die eigentliche Erziehung weitgehend der Mutter. Andere Väter kompensieren ihr schwaches Selbstwertgefühl damit, daß sie zum Familientyrannen werden; sie demonstrieren ihre »Stärke« mit physischer Kraft, indem sie ihre Kinder züchtigen und so zu beherrschen verstehen. Daneben gibt es aber auch Väter, die den kindlichen Widerstand brechen, indem sie ihr Kind herabsetzen, demütigen, auslachen und verhöhnen. Diese Methode wirkt sich besonders bei sensiblen Kindern – meist sind es zudem die Söhne, gegen die sich ein Vater in dieser Weise richtet – verheerend auf deren Selbstwertgefühl aus. Man kann auch subtil demütigen, sogar ohne Worte, einfach dadurch, daß man innerlich dem Kind seinen Wert abspricht; häufiger bekommt das Kind – oft von beiden Eltern – zu hören: »Du kannst das ja doch nicht; ich sage es ja immer wieder, du taugst nichts; gib her, ich kann das sowieso besser als du« und anderes mehr. Irgendwann einmal kommt der Moment, wo dem Kind auf diese Weise das Rückgrat gebrochen wird; es hört auf, an sich und seine Fähigkeiten zu glauben; es resigniert, oder es beginnt seinerseits gewaltig zu kompensieren. Das Resultat ist immer dasselbe: die narzißtische Depression.

Ich will nun das Besprochene noch durch einige Beispiele verdeutlichen.

Da ist erst einmal die Kindheitsgeschichte von *Doris*, wobei ich den Leser auf das erste Kapitel verweise.

Willi, einem Arzt in den mittleren Lebensjahren, fiel in der Analyse folgende Kleinkinderszene ein: »Ich befinde mich im WC und sitze auf dem Töpfchen. Ich probiere aufzustehen und will das Licht anzünden, denn es ist mittlerweile Abend geworden. Ich sitze schon sehr lange im Dunkeln und bin ganz allein, ganz mir selber überlassen. Ich leide unter der Verlassenheit und bin den Tränen nahe. ›Aber nein, ich darf nicht weinen, sonst kommt die Mutter. Ich muß doch lieb zur Mutter sein.‹« Ich frage, warum er die Mutter nicht rufe. Der Patient meint dazu: »Nein, ich darf die Mutter nicht rufen und darf schon gar nicht weinen. Ich würde da etwas tun und von ihr verlangen, das nicht sein darf.« Ich frage, was denn geschähe, wenn er sich anders verhalten würde. Willi, der jetzt ganz im Damals lebt, sagt sofort: »Die Mutter würde mich doch bestrafen für meine Unfolgsamkeit. Sie würde mir ja noch den Rest ihrer Liebe entziehen. Sie würde mich schlagen und wäre böse auf mich.«

Dies ist nur eines von vielen Beispielen, die Willis Kindheit prägten, ein besonders eindrucksvolles. Aus dem fügsamen Kind wurde ein stiller Dulder, ein Musterknabe. In einem solchen Klima hatte die narzißtische Persönlichkeitsstörung alle Chancen, sich auszuformen. Willis Leben als Erwachsener zeichnete sich aus durch eine perfektionistische Grandiosität und depressive Verstimmungen im Gefolge von gelegentlich auftretenden Wutanfällen, jener ohnmächtigen Wut, die er als Kind so ganz verdrängen mußte.

Ruth, eine junge Studentin, versinkt, wenn sie sich in einer Gesellschaft befindet oder sonst im Umgang mit Menschen wie auch in der Therapie, immer wieder in völliges Schweigen. Manchmal gelingt es ihr, das Schweigen zu durchbrechen, indem sie sich stark mit den vermeintlichen Bedürfnissen der andern befaßt und auf sie eingeht. Von sich selbst und ihren eigenen Gefühlen zeigt sie gar nichts – sie läßt sie einfach nicht zu. In der Analyse wird ihr bewußt, daß sie Gefühle von Traurigkeit, Verzweiflung, Ratlosigkeit, Verlassenheit, ohnmächtiger Wut, Eifersucht, Neid und Haß niemals leben durfte, ja daß sie eigentlich überhaupt kein Interesse für sich selber aufkommen lassen durfte. Sogenannte »Selbstliebe« zu empfinden, das galt in ihrer Familie als unmoralisch. Sie mußte sich immer fröhlich und stark zeigen und lieb und freundlich sein. Hätte sie ihre wahren Gefühle gezeigt, wäre sie verachtet und mit Liebesentzug bestraft worden. Das wußte sie; denn sie hatte es oft erlebt. Um die Liebe und Zuwendung der Mutter nicht zu verlieren, mußte sie alles tun, um die Mutter gnädig zu stimmen. Jetzt, in der Therapie, wird es der erwachsenen Frau bewußt, daß ihre

Mutter sie als Kind zu ihrem Instrument gemacht hatte; sie ertrug ein Eigenleben der Tochter schlecht, da sie darin einen nie gelebten, abgespaltenen Teil ihrer eigenen Seele erkannte. Da diese Mutter als Kind selber angepaßt und verfügbar gewesen war und ihre wahre Natur ständig unterdrücken mußte, war es unerträglich für sie, ihrer Tochter all das zu gönnen, was ihr versagt geblieben war. Was der jungen Studentin nun bewußt wurde, blieb ihrer Mutter unbewußt. Sie gab unbewußt einfach das weiter, worunter sie selber als Kind gelitten hatte, und bestrafte das aufkeimende Eigenleben ihrer Tochter mit Liebesentzug und Verachtung.

Ruth arbeitete einmal aushilfsweise in einem Spital und war einer jungen, tüchtigen und an sich freundlichen Schwester unterstellt. Ruth erlebte diese Schwester ihr gegenüber als demütigend und verachtend und fühlte sich von ihr unterdrückt. Dennoch suchte sie fieberhaft ausgerechnet bei ihr Anerkennung. Immer neu erlebte sie oder glaubte sie zu spüren, wie diese Schwester sie verachtete und demütigte. Sie fühlte sich völlig entwertet und war verzweifelt. Ruth erlebte eine Situation, die erfüllt war von Angst, von der Angst, abgelehnt zu werden, der Angst, verachtet, gedemütigt und in die Isolation getrieben zu werden. Das Ganze war eine Wiederholung ihrer Kindheitssituation und ihre neurotische Reaktion auf diese Situation: Sie unterwarf sich einem Menschen, von dem sie sich unterdrückt, verachtet und im Stich gelassen fühlte, und suchte ganz besonders intensiv die Anerkennung gerade dieses Menschen, von dem sie sich so abgewertet fühlte. So geschah es jeweils mit der Mutter, deren Anerkennung und Zuwendung sie mit allen Mitteln zu gewinnen suchte – verzweifelt und intensiv – und nicht fand.

Was ereignete sich hier?

Wir kennen seit Freud den neurotischen *Wiederholungszwang*. Der neurotische Mensch – und die narzißtische Persönlichkeitsstörung ist eine Neurose – bringt sich unbewußt immer wieder in unangenehme, frustrierende oder kränkende Situationen und wiederholt damit alte Erfahrungen, ohne sich aber im aktuellen Moment an das früher Geschehene zu erinnern. Er hat im Gegenteil den Eindruck, daß er hier und jetzt diese Situation zum erstenmal erlebt. Dabei wiederholt er unbewußt die alten, leidvollen Erfahrungen, ohne sich ihrer zu entsinnen, da er sie verdrängt hat. Er wiederholt und weiß doch nicht, daß er wiederholt. Ohne es zu wissen, »agiert« er, wie er damals agiert hat. Das ist der neurotische Wiederholungszwang: Das Agieren anstelle des Erinnerns, wie uns das Beispiel von Ruth deutlich aufzeigen kann. Im Fall von Ruth ist noch etwas anderes bemerkenswert: Sie erkennt in der Analyse, daß die von ihr so gefürchteten Eigenschaften der Verachtung und Demütigung auch in ihr selbst leben. Auch sie neigt insgeheim zu derartigem Verhalten einem Schwächeren gegenüber. Allerdings bedeutet diese Erkenntnis für Ruth einen gewaltigen Schock. Sie erkennt einen Teil ihres *Schattens*, den sie bei anderen Menschen so sehr fürchtet. Es sei an dieser Stelle darauf hingewiesen, daß Patienten mit narzißtischer Persönlichkeitsstörung meist lange Zeit in der Therapie überfordert sind, wenn es um die Bearbeitung ihres Schattens, ihrer unbewußten minderwertigen Persönlichkeitsanteile, gehen sollte (K. Asper).

Ich habe bisher vorwiegend von den *Müttern* narzißtisch gestörter Menschen gesprochen. Wir haben dabei gesehen, daß diese Mütter selbst narzißtisch gestört sind und ihre ungestillte narzißtische Bedürftigkeit an ihrem Kind zu befriedigen versuchen. Man kann sich unschwer vorstellen, was das für das Kind bedeutet, da die Mutter ja immerhin die erste und wichtigste Bezugsperson des Kindes ist. Der *Vater* übt meistens erst in einer etwas späteren Phase einen entscheidenden Einfluß aus. Das Kleinkind hat ein normales Bedürfnis, zumindest eine Person in seinem nächsten Umkreis als allmächtig zu idealisieren und sich mit dieser allumfassenden Person zu identifizieren. Gewiß gibt es keine strenge Rollenverteilung zwischen den Eltern; aber es ist doch in der Regel die Mutter, die als erste dem frühkindlichen Bedürfnis nach Symbiose und Verschmelzung, nach Wärme und Geborgenheit entspricht. Der andere

Elternteil, in der Regel der Vater, dient erst in einer etwas späteren Phase der Entwicklung als verläßliches Objekt für das kindliche Bedürfnis nach Idealisierung und Identifikation. Es ist die Aufgabe des Vaters, sich in dieses kindliche Bedürfnis einzufühlen und die Idealisierung ebenso zuzulassen wie das Bedürfnis des Kindes, mit seinem idealisierten Selbstobjekt zu verschmelzen. Und genauso wie die Mutter ihre ungestillten Sehnsüchte nach Gebrauchtwerden und nach eigener Symbiose nicht am Kind auslassen sollte, muß auch der Vater zu gegebener Zeit zurücktreten können und nicht seinerseits seine Allmachtsbedürfnisse am Kind abreagieren. Das Kind muß mit der Zeit den Vater auch relativieren können, ohne daß dieser ihm seine Liebe entzieht. Der Vater sollte also die kindlichen Idealisierungs- und Identifikationsbedürfnisse zulassen, ohne seinen eigenen Größenphantasien und Machtbedürfnissen zu verfallen; er sollte das Kind gewähren lassen, ohne es narzißtisch zu besetzen. Dann wird er später auch in der Lage sein, die Loslösung seines Kindes nicht als Göttersturz zu erleben, und nicht das Bedürfnis haben, sich in irgendeiner Weise zu rächen. Versagt neben der Mutter aber auch noch der Vater, so wirkt sich das besonders gravierend aus für die Entstehung einer narzißtischen Persönlichkeitsstörung.

Nun möchte ich noch einmal von *Maja*, der jungen Lehrerin, erzählen. Sie sprach anfänglich in der Therapie von einer guten Kindheit; die Eltern hätten doch alles für sie, die einzige Tochter, getan. Nach einigen Monaten bat ich sie, Fotos aus der Kindheit mitzubringen. Beim gemeinsamen Betrachten fiel ihr auf, daß sie zu ihren ersten vier Lebensjahren gar keine Beziehung hatte; da werde es ganz dunkel, meinte sie dazu. Ich griff ein Bild aus jener dunklen Kleinkinderzeit heraus. Es zeigt Maja, wie sie hinter anderen Kindern herspringt, und unter dem Bild steht von der Hand der Mutter: »Maja macht den anderen immer alles nach.« Bei diesem vorwurfsvollen Kommentar erinnert sich Maja plötzlich: Sie durfte als Kind nie sein wie die anderen Kinder. Sie sollte immer etwas Besonderes sein. Sie durfte nicht sie selber sein, durfte kein eigenes Leben führen. Stets wurde sie geführt, wurde gelebt und mußte so sein, wie die Eltern es wünschten. Die Eltern suchten die Spielkameraden für ihre Tochter aus. Diejenigen, die sie selber mochte, wurden von den Eltern abgelehnt. Angeblich sollte Maja anders werden als die anderen, aber eigentlich sollte sie vor allem keine eigene Persönlichkeit werden, sondern stets dem Bild der Eltern entsprechen. Der Vater reagierte mit Jähzorn, wenn sie sich nicht seinen Wünschen gemäß verhielt, und schlug sie dann brutal zusammen. Auch die Mutter verprügelte sie, wenn auch weniger grob. Als Maja schon zwanzig war, wurde sie noch von den Eltern in ihr Zimmer gesperrt, damit sie ihren Freund nicht sehen konnte!

Diese Erinnerungen und Einsichten kamen also hoch, als sie die Kinderfotos betrachtete. Von nun an kamen immer neue Erinnerungen, und vieles Vergessene fiel ihr ein. Sie erinnerte sich, wie lange sie ihre Haare so schneiden mußte, wie es den Eltern gefiel. Auch ihre Kleiderwahl hatte dem Geschmack der Eltern zu entsprechen. Mit sechzehn Jahren wollte sie unbedingt einmal ein Kleid tragen, das *ihr* gefiel. Die Eltern verboten es. Als sie das Kleid dennoch anzog, lag es anderntags zerschnitten da. Maja hatte keine Chance, sich zu wehren.

Dieses Kind litt oft unter einer tödlichen Verlassenheit und der ungestillten Sehnsucht nach Geborgenheit. Die Eltern schalten das traurige und bedrückte Kind unzufrieden und undankbar. Sie sagten dann zu Maja: »Es ist krankhaft, wie du immer traurig bist; du gehörst in ein Irrenhaus, wenn du so weitermachst.«

Die Drohung mit dem Irrenhaus wurde oft ausgesprochen. Wenn der Vater sie schlug und sie laut schrie, drohte der Vater, gleich rufe er die Polizei oder den Sanitätswagen für das Irrenhaus. Dann wurde Maja mäuschenstill und fügte sich. Der Vater wurde wieder freundlich, und auch die Mutter, die tüchtig mitgescholten hatte, war plötzlich wieder nett. Sie hatten ihr Ziel, eine gefügige Tochter aus ihr zu machen, erreicht.

Einmal träumte Maja:

»Ich bin mit meiner Mutter an einem Ausflugsort. Ich sage etwas zu ihr, weiß aber nicht mehr, was. Da rennt meine Mutter auf mich zu und beginnt auf mich einzuschlagen. Der Vater eilt ebenfalls herbei und droht zu explodieren. Ich versuche zu fliehen und renne so schnell, wie ich kann, davon. Die Eltern sind hinter mir her. Ich schreie unaufhörlich. Meine Mutter sagt: ›Man kann nichts machen; sie ist halt geisteskrank.‹«

An dieser Stelle möchte ich darauf hinweisen, daß Maja die Stimmen ihrer Eltern, die sie in der Analyse wiedervernahm, *verinnerlicht* hat, das heißt, sie wurden zu ihrer eigenen Stimme. Als junge Erwachsene dachte und handelte sie nicht wirklich als Eigenwesen, sondern sie war weitgehend zu einem Produkt der elterlichen Urteile und Meinungen geworden, auch wenn sie schon längst im eigenen Beruf tätig war und fern von den Eltern wohnte.

Immer neue Kindheitserinnerungen tauchten auf. Im zweiten Therapiejahr hatte Maja einen Traum, der ihr recht typisch schien, um ihre Kindheitssituation zu illustrieren:

»Es wird ein Theaterstück gespielt. Die Hauptrolle spielt eine junge Frau, die in vielen Szenen Monologe als Irrsinnige hält. Nach dem Theaterstück liegen Vater und Mutter dieser jungen Frau zufrieden auf dem Balkon nebeneinander. Sie sonnen sich. Nach kurzer Zeit entfernt sich der Vater, und die Mutter legt sich nun neben die junge Frau, ihre Tochter.«

Maja meint dazu, die Frau habe viel Ähnlichkeit mit ihr gehabt, so daß wir davon ausgehen können, daß der Traum die Dreieckssituation, in der sie sich befand, schildert. Die Monologe können auf ihre Isolation hindeuten, und als Verrückte wird sie ja immer wieder von den Eltern beschimpft. Die Eltern sonnen sich, sind eigentlich stolz auf ihr Werk, das heißt auf das, was sie aus ihrer Tochter gemacht haben. Sie haben es immerhin geschafft, ihr das Rückgrat zu brechen. Eine weitere

Komponente wird vom Traum beleuchtet: Der Vater kam mit der Mutter zwar gut aus, wenn es sich um die Tochter handelte; da waren die Eltern immer einer Meinung. Sonst klappte die Ehe aber nicht besonders, und so mußte Maja zudem noch in die Lücke springen, wenn der Vater zu anderen Frauen ging. Die Art, wie die Mutter sich in diesem Traum wortlos neben die Tochter legt, läßt auf eine große narzißtische Besetzung schließen.

Zum Schluß unserer Ausführungen über die Frustration narzißtischer Bedürfnisse in der Kindheit stellt sich eine wichtige Frage. Es war so viel von Eltern die Rede, die ihre Kinder – unbewußt zwar – mißbrauchen, demütigen, über sie verfügen. Wenn wir dies alles lesen, können wir den Eindruck bekommen, daß allein die Eltern die Schuldigen sind, wenn sich ihre Kinder neurotisch entwickeln.

Es ist ja, wenn man die Literatur über Narzißmus liest, auffällig, wie sehr über Eltern und andere nahe Bezugspersonen hergefallen und ihnen die ganze Verantwortung in die Schuhe geschoben wird. Alle Störungen eines narzißtisch neurotischen Seelenlebens werden auf sie abgewälzt. Es erscheint fast so, als ob es den Autoren in erster Linie darum gehe, Partei für ihre Patienten zu ergreifen und sie von jeder Eigenverantwortung freizusprechen. Dadurch entsteht bei vielen Müttern und Vätern der Eindruck, sie hätten ihren Kindern gegenüber total versagt, und sie werden von unfruchtbaren Schuldgefühlen überflutet.

Ich denke, man muß versuchen, wenn man einem Patienten zuhört, herauszuspüren, was wirklich in seiner Kindheit geschehen ist, also herausfinden, wo er vielleicht zur Übertreibung neigt. Wenn man die Geschichte eines depressiven Patienten kennenlernt, so kommt schon eine Fülle von verachtenden, demütigenden, herabsetzenden Gefühlen, denen er ausgeliefert war, zum Vorschein. Und es zeigt sich auch, daß er mißbraucht und narzißtisch besetzt wurde. Viele Menschen müssen unter Bedingungen heranwachsen, die sehr schmerzlich sind. Aber die eigentliche Tragik liegt darin, daß auch schon die Eltern

Opfer ihrer Eltern waren, und so weiter zurück über Generationen. Es ist ja kaum einfach böswillige Absicht, wenn Eltern ihre Kinder narzißtisch besetzen und ihnen dadurch die Möglichkeit nehmen, wirklich eigenständige Persönlichkeiten zu werden; sie merken ja nicht einmal, daß sie dies bei ihren Kindern verhindern, da ihr Verhalten aus unbewußten Motiven resultiert. Wenn wir bedenken, daß Eltern von narzißtisch gestörten Menschen immer auch schon Opfer waren und sie deshalb aus ihrer eigenen Störung heraus oft so falsch reagierten, müssen wir uns bei unserer Schuldzuweisung in acht nehmen. Schuldig-unschuldig muß es wohl heißen, wie bei uns allen, und neben die Verurteilung tritt dann doch auch etwas Verzeihendes. Wir, die wir hinter diese unbewußten Abläufe sehen dürfen, können vielleicht dazu beitragen, den Teufelskreis zu unterbrechen. Wir können, besonders als Eltern, bewußter leben, als unsere Eltern es konnten. Wir haben die Chance, Einblick in unsere Schattenseiten zu gewinnen, und das kann uns helfen, nicht mehr so unbewußt und ahnungslos zu agieren. Hierin liegt, wie ich glaube, die beste Prophylaxe, die beste Vorbeugung gegen die narzißtische Persönlichkeitsstörung.

Die Geburtskonstellation

Wie wir gesehen haben, spricht vieles dafür, daß die narzißtische Persönlichkeitsstörung und damit auch die narzißtische Depression in der frühen Kindheit erworben wird. Aber daneben gibt es immer eine starke Komponente, die nicht umweltbedingt ist. Das hat seinerzeit schon Freud erkannt. In seinen Vorlesungen zur Einführung in die Psychoanalyse sagt er, die Neurosedisposition beruhe auf zwei Dingen, nämlich dem frühkindlichen Erleben und der erbbedingten Konstitution. Ob es sich dabei nur um Erbfaktoren handelt, wie es uns die Naturwissenschaft nahelegt, oder ob auch karmische Einflüsse, die mit früheren Daseinsformen zu tun haben, im Spiel sind, ist eine weltanschauliche Frage, der wir hier nicht weiter nachspüren wollen. Gewiß scheint jedenfalls, daß neben dem frühkindlichen Erleben und der frühkindlichen Situation an sich ein konstitutioneller Faktor eine bedeutende Rolle spielt. Anders wäre es auch kaum vorstellbar, daß aus einem Geburtshoroskop so deutliche Wesenszüge ersehen werden können, die uns bereits mit der Geburt das Bild eines Menschen mit all seinen Anlagen, Schwierigkeiten und Begabungen zu zeigen vermögen. Die Erbfaktoren, die astrologische Grundkonstellation und die frühkindlichen Erfahrungen werden aus uns *den* Menschen machen, der wir sind und der wir werden sollen.

4. Kapitel

Gedanken zur Therapie

Die Geschichte von Hans

Ich beginne dieses Kapitel mit der kurzen Darstellung einer langen Therapie; sie kann zugleich als Repetition wesentlicher bisheriger Aussagen dienen.

Hans, ein Lehrer in den mittleren Lebensjahren, kam vor etwa acht Jahren zum erstenmal in meine Sprechstunde. Wie er berichtete, befand er sich eigentlich schon während seines ganzen Erwachsenenlebens in einem chronisch depressiven Zustand. Schon seine Kindheit war von ständigen Angstgefühlen überschattet gewesen; er hatte große Angst vor seinem Vater und dem ständigen Streit zwischen den Eltern. Er erlebte sich, bildlich gesprochen, als Autobatterie, die immer nur Strom liefern soll und bald leer sein muß. Er fühlte sich entkräftet, stets wie kurz vor dem Zusammenbrechen. Er schilderte seine Depression als allgegenwärtig und lähmend; er versuche oft, sie durch eine im Grunde sinnlose Geschäftigkeit zu übertönen. Er war bereits mit einer Unzahl von Antidepressiva (Medikamenten) behandelt worden, ohne Erfolg. Wie es depressiven Menschen eigen ist, verspürte er besonders am Morgen oft eine unendliche Müdigkeit, würde am liebsten liegenbleiben und sich in seinem Bett verkriechen.

Hans verspürte eine unermeßliche innere Leere. Im Laufe der Therapie wurde ihm das Ausmaß seiner eigenen Gefühlslosigkeit richtig bewußt, und er erschrak sehr darüber. Neben seinem gewaltigen Defizit im Gefühlsbereich kam ihm sein absoluter Mangel an Selbstwertgefühl ebenfalls zum Bewußtsein. Hatte er bisher stets große Angst vor seinem Vater empfunden und ihn als Unstern in seinem Leben erlebt, begann er mit der Zeit zu realisieren, daß es ja weitgehend die Mutter gewesen war, die ihm die Angst vor dem Vater eingeimpft und diesen zu seinem Feind gemacht hatte. Es wurde Hans bewußt, daß die sehr besitzergreifende Liebe seiner Mutter zu ihm eine Affenliebe gewesen war; im Gegensatz zu den Affen war es allerdings eine Umklammerung gewesen, die nicht die geringste Spur von Geborgenheit enthielt. Er meinte, die Mutter-Sohn-Beziehung habe unterschwellig sexuellen Charakter gehabt.

Das Leben von Hans konnte man eher ein Vegetieren nennen, erfüllt von Angst und innerer Leere; außer der stets gegenwärtigen Angst kannte er keine Gefühle und Emotionen, weder die der Freude noch die der Trauer, von Wut und Zorn ganz zu schweigen. In seinem Berufsleben aber war er ein äußerst pflichtbewußter Lehrer, der sich sehr für seine Schüler einsetzen konnte, der aber in der Überzeugung lebte, daß es im Leben nur auf das Erbringen von Leistung ankomme.

Der Traum vom Aussichtsturm

»Ich bin auf einem Aussichtsturm. Es weht ein starker Wind, und es zieht mich wie mit einer Magnetkraft auf das Geländer; ich muß darauf balancieren. Dann stürze ich in die Tiefe; es gibt ein unendlich langes Fallen; dann knackt es in mir.«

Diesen Traum träumte Hans verschiedene Male, bis sich plötzlich eine Fortsetzung einstellte.

»Ich bin nicht tot; es ist zwar alles gebrochen, aber es tut nicht weh, und ich habe keine Angst. Verschiedene Personen kommen, kümmern sich um mich, legen mich auf eine Bahre, decken den Körper mit einer Wolldecke fest zu, und jetzt weiß

ich: Ich muß mich um nichts mehr sorgen. Ein wohliges Gefühl kommt über mich.«

Hans findet dies einen sehr wichtigen Traum. Es gibt da eine magische Kraft, die ihn auf das Geländer zwingt, um ihn in die Tiefe zu stürzen. Er spürt diese Kraft auch im Tagesbewußtsein und kann sie gerade noch knapp in Schach halten. Es fällt ihm ein, daß er als Student in der Straßenbahn oft am liebsten laut herausgeschrien hätte. Ich meine dazu, es habe wohl in ihm geschrien und konnte sich nicht zeigen; es schrie in ihm aus seiner Verlassenheit heraus und zeigte an, wie sehr er damals darauf angewiesen gewesen wäre, daß sich endlich jemand um ihn gekümmert und »es« bemerkt hätte.

Hans hatte große Angst, tatsächlich einmal von einem Turm zu stürzen oder sich im Auto zu überschlagen und dabei den Tod zu finden. Unterschwellige Selbstmordphantasien werden in diesem Traum ebenfalls sichtbar. Aber diesmal endet sein Traum anders; er war vor allem überrascht, daß man sich um ihn kümmerte und er – in einem Gefühl von Wärme und Geborgenheit – loslassen, sich überlassen konnte. Wir sprachen davon, daß ihm die zwei Jahre Therapie offenbar den Eindruck vermittelten, daß sich da jemand um ihn kümmere. Das überraschte ihn sichtlich.

Einmal sagte ich ihm, daß ich ihn gern möge. Er wies diese Aussage sofort zurück, indem er bemerkte, das müsse ich ja sagen, dazu sei ich quasi professionell verpflichtet. Es brauchte sehr lange, bis sich seine mißtrauische Ungläubigkeit aufzulokkern begann, was mich keineswegs erstaunte.

In einer anderen Stunde war er so niedergeschlagen, daß kein Wort aus ihm herauskam. Wie mit bleiernen Gewichten fühlte auch ich mich belastet und niedergedrückt; seine Stimmung beherrschte den Raum, und seine depressive Verfassung lähmte auch mich. So kam es, daß während der ganzen Stunde von beiden Seiten Schweigen herrschte.

Vor einer solchen Stunde hatte Hans furchtbare Angst, weil – davon war er überzeugt – das Schweigen als Versagen seinerseits bewertet werden würde. Er meinte, als wir darüber sprachen, er müsse doch etwas leisten, also in der Therapiestunde sprechen, erzählen; nur so könne er doch überhaupt akzeptiert werden. So sei es immer: Wenn er sich von anderen nicht akzeptiert fühle (vielleicht sogar: bewundert?), falle er in ein riesiges Loch. Alles sei dann sinnlos, und er fühle sich total verlassen.

Miteinander spürten wir in der Stunde, daß Hans schon als kleiner Junge in derselben Angst gelebt hatte. Es war ja auch so gewesen: Die Mutter gab ihm ihre Anerkennung, ja ihre Bewunderung, wenn er ganz ihren Vorstellungen entsprach, und das war sicher nicht dann, wenn er sich gehenließ und vor sich hinträumte, sondern nur, wenn er ehrgeizige Ziele verfolgte und ein Sohn war, mit dem man sich brüsten konnte. Auch heute noch könne die Mutter andere Menschen sehr bewundern. Sobald aber die betreffende Person auch nur in einer Kleinigkeit nicht ihren Vorstellungen entspreche, wende sie sich völlig ab und strafe sie nur noch mit Verachtung. In dieser Tendenz der Mutter erkannte Hans, daß sie höchstwahrscheinlich ein Kind wollte, um mit ihm Bewunderung zu ernten – aber wehe dem Kind, wenn es keinen Anlaß dazu bot! Tatsächlich scheint sie alles in Hans, ihrem einzigen Kind, verachtet zu haben, was nicht ganz ihren Erwartungen und Wünschen entsprach.

Hans hatte jahrelang die Fassade eines guten und beliebten Lehrers aufrechterhalten. Er *war* tatsächlich während dieser ganzen Zeit ein guter Lehrer, nur konnte er das von sich nicht glauben. Er lebte in der ständigen Furcht vor dem grauenhaften Moment, da ihm von seiten der Eltern und Schüler die Maske abgerissen und er nur noch nackt und bloß dastehen würde, ein Nichts, für das er sich hielt. Ein oftmals wiederkehrender Traum erzählt von seinem durchdringenden Gefühl der Blöße, des Entblößtseins:

»Ich sitze in einem fremden Schulzimmer am Pult. Der Unterricht ist sehr harzig; ich kenne die Namen der mir samt und

sonders bekannten Schüler nicht mehr. Ich löse eine Aufgabe an der Wandtafel und werde völlig unsicher. Ich schaue auf die Lösung im Buch und merke, daß es gar kein Schulbuch ist. Ich stehe auf und will im Schrank das Buch suchen; da bemerke ich, daß ich außer einem Hemd, das ich trage, ganz nackt bin.«

Dreißig Jahre lang konnte Hans dieses grausame Spiel, das etwas in seinem Inneren mit ihm trieb, durchhalten; dann reichten seine Kräfte nicht mehr aus; die Batterie, als die er sich erlebt hatte, versagte ihren Dienst; er brach psychisch zusammen. Das Unheil kündigte sich in einem Traum, den er in der Nacht vor Schulbeginn hatte, an. Im Traum fand er keine Bücher und Notizen mehr, erschoß sich und erwachte über dem Knall. Kurze Zeit später mußte er wegen schwerer, akuter Depression krank geschrieben werden, und einige Zeit danach erfolgte die Teilpensionierung. Nach einer Versuchszeit kam es schließlich zur Vollpensionierung. Der lange erwartete Knall war erfolgt. Und doch geschah ein kleines Wunder: Immer hatte er in der Überzeugung gelebt, er werde seinen dereinstigen Zusammenbruch nicht überstehen und sich selbst umbringen. Das geschah nicht. Es gelang ihm, sich aufzufangen, und er lebt heute auf einer sehr viel solideren seelischen Grundlage als in den vergangenen Jahren. Auch ist er nicht mehr depressiv; denn es gelingt ihm immer besser, so zu sein, wie er ist, und nicht mehr in der Fassade zu leben.

Vor einem Jahr kam ein Brief von ihm, worin er unter anderem schreibt: »Ich möchte Ihnen ein für mich erstaunliches Erlebnis erzählen: Ich habe mich gestern dabei ertappt, daß ich auf offener Straße so einfach eine Melodie vor mich hingepfiffen habe... Und noch etwas Überwältigendes bahnt sich an: Ich empfinde für meine Frau plötzlich für mich unbekannte Gefühle, Zärtlichkeit, oder, um ein so abgenutztes Wort zu gebrauchen, so etwas wie Liebe, nicht mehr nur Abhängigkeit oder Angst vor dem Verlassenwerden; das hatte ja zu einer Art ›Vernunftgemeinschaft‹ geführt...«

Hans' Fassade war zusammengebrochen und begann mehr

und mehr zu verschwinden. Dahinter entstanden Gefühle der Freude und Liebe, die er, der bislang nur in der Angst gelebt hatte, nicht gekannt hatte. Und gleichzeitig hatte er seine chronische Depression besiegt.

Die therapeutische Haltung

Therapiegeschichten wie die von Hans oder Doris, der wir im ersten Kapitel nachgegangen sind, zeigen uns, daß ein Therapeut oft während vieler Jahre ein *Begleiter* sein muß, ein Begleiter, der mit sehr viel Geduld zuhören kann. Nun sind aber narzißtisch depressive Menschen oft weit davon entfernt, ihre Not einfach »herauszuspucken«. Sie sind im Gegenteil wie erstarrt. Manchen fällt es zu Beginn einer Therapie sehr schwer, ihren Zustand zu beschreiben und ein Anliegen zu formulieren, weil sie so sehr in ihren Problemen gefangen sind. Aufgabe des Therapeuten ist es also auch, Fragen zu stellen, die die Zunge des Patienten lösen helfen. Im Zuhören muß er sich bemühen, nicht bei den Ausführungen des Patienten stehenzubleiben. Es geht ja darum, die hinter den Erzählungen und Äußerungen liegende Not des Patienten zu ergründen. So muß der Therapeut versuchen, eine »Eingangstüre« zum Patienten zu finden. Deshalb kann die therapeutische Haltung sich nicht auf das Zuhören allein beschränken. Es wird zwar durchaus auch Sitzungen geben, wo der Therapeut sich aufs bloße Zuhören beschränken kann. Aber, wir erwähnten es schon, es ist wichtig, daß der Therapeut auch Fragen stellt, ja daß er es gerade beim Depressiven nicht an Ermunterung fehlen läßt zu erzählen und ihm im Zuhören auch immer wieder ein Zeichen gibt, daß er mitgeht, mitfühlt und versteht.

Gerade dann, wenn der narzißtisch Depressive in seiner Niedergeschlagenheit völlig erstarrt und in Schweigen versinkt, sollte der Therapeut versuchen, etwas Ermutigendes zu sagen oder eine einfühlende Frage stellen. Das ist aber keineswegs immer leicht. Ich erinnere mich, daß es bei Hans Schweigestunden gab, die auch für mich sehr schwer zu ertragen waren, wo seine tiefe Trostlosigkeit auf mich überging und ich nicht mehr in der Lage war, ihn irgendwie aufzumuntern oder aufzufangen, und wo ich ihn in seiner ganzen Blockiertheit allein lassen mußte. Nach einer solchen Stunde hatten wir beide mit starken Schuldgefühlen zu kämpfen: Hans fühlte sich schlecht, weil er mich mit seinem Sog angesteckt hatte; ich fühlte mich ihm gegenüber schuldig, weil ich nicht sofort in der Lage gewesen war, meine schwere Stimmung als Gegenübertragungsreaktion zu erkennen, sondern mich von der gleichen Niedergeschlagenheit wie Hans hatte befallen lassen.

Dieses Beispiel zeigt, daß der Therapeut in gewissen Momenten und Situationen unweigerlich angesteckt wird vom Konflikt des Patienten. Um diesem bei der Bearbeitung seiner Probleme wirklich helfen zu können, muß daher die Gegenübertragungsreaktion erkannt werden, in diesem Fall die Schuldgefühle, die sich auch auf seiten des Therapeuten eingestellt hatten. Das Entscheidende beim Zuhören ist nicht, daß der Therapeut dem Patienten einfach sein Ohr leiht, sondern daß er mit innerer Beteiligung, mit Interesse und Mitgefühl zuhört und da ist. Der amerikanische Psychiater Rogers, Vater der klientenzentrierten Gesprächstherapie, hat drei grundlegende Bedingungen genannt, die nötig sind, um beim Patienten einen konstruktiven Persönlichkeitswandel zu erwirken: emotionelle Wärme, Empathie (Einfühlung) und Echtheit. Ich denke, diese drei Komponenten bilden eine Einheit: Ohne mitmenschliche Wärme bleibt die Empathie eine hohle Farce; getragen von einem warmen Herzen wird sie glaubwürdig und echt. Um echt sein zu können, muß der Therapeut, wie schon erwähnt, seine Gegenübertragung so bewußt wie möglich erleben und sich mit ihr auseinandersetzen.

Empathie oder Einfühlung bedeutet, daß der Therapeut vorübergehend in das innere Leben des Patienten eintaucht und sich – auch das vorübergehend – mit dem Erleben des Patienten identifiziert. Die empathische Resonanz, welche dem Patienten zuteil wird, ist mehr als bloßer Widerhall, mehr als

Echo und Spiegelung. Empathie sollte also nie mit Echo verwechselt werden. Es würde dem Patienten wenig helfen, wenn all das, was er in die Stunden bringt, beim Therapeuten auf ein bloßes Echo stoßen würde. Einen solchen Therapeuten könnte man in der Zukunft wahrscheinlich durch einen entsprechend programmierten Computer ersetzen. Das Eigentliche, um das es geht, ist das menschliche Engagement eines Therapeuten. Im engagierten Zuhören schwingt seine eigene Persönlichkeit emotional mit. Die menschliche Beziehung kommt hierbei ins Spiel, und sie ist, denke ich, der entscheidende therapeutische Faktor.

Eine solche Haltung stellt nun allerdings eine unerhörte Anforderung an den Therapeuten. Man fragt sich zu Recht, ob er denn diesem Anspruch überhaupt gewachsen sein kann. Ich meine, er kann es nur sehr bedingt. Es scheint mir beispielsweise unmöglich zu sein, auf intensivste Weise sich täglich während vieler Stunden auf ganz verschiedene Patienten einzustellen und mit ihnen in ihr Inneres zu tauchen. Natürlich reagieren Patienten enttäuscht, wenn sie spüren, daß die Aufmerksamkeit und Einfühlung ihres Therapeuten Löcher aufweist, sei es, weil er einfach auch einmal müde oder sonst in irgendeiner Weise überfordert ist. Als Patient hat man für solche »Löcher« vielleicht Verständnis, wünscht sich aber ehrlicherweise, es möge dem Therapeuten nicht ausgerechnet bei einem selber so ergehen. Das zeigt, wie schwer es ist und wie wichtig deshalb auch, den Therapeuten im Laufe der Zeit mit seinen Grenzen und Fehlern anzunehmen.

Kathrin Asper unterscheidet zwischen mutterspezifischer und vaterspezifischer therapeutischer Haltung. Die vaterspezifische Haltung – sie ist keineswegs an ein Geschlecht gebunden und kann auch von einer weiblichen Therapeutin eingenommen werden – will auf ein bestimmtes Ziel hinführen. Sie ist auf das Erkennen, Deuten, Belehren, Erziehen hin ausgerichtet. Die mutterspezifische Haltung, die umgekehrt also auch vom männlichen Therapeuten eingenommen werden kann, umsorgt, gibt Geborgenheit, fühlt sich ein, versucht zu verstehen. Beide Haltungen, die mutterspezifische, die dem Mutter-Kind-Modell entspricht, und die vaterspezifische, die dem Vater-Kind-Modell entspricht, sind therapeutisch wichtig, doch ist beim narzißtisch depressiven Patienten, wie bei narzißtischen Persönlichkeitsstörungen überhaupt, zunächst und vielleicht während einer langen Zeit eine mutterspezifische Haltung angezeigt. Da er sich selber ja völlig negativ gegenübersteht, muß der Patient erst einmal und vielleicht während einer langen Zeit die Geborgenheit, die ihm der Therapeut gibt, erspüren lernen und sich mit der empathischen Haltung des Therapeuten befreunden. Beides ist ihm im tiefsten fremd und unbekannt. Allerdings möchte ich hier auch eine Warnung anbringen: Die schützende und bewahrende »Ammenfunktion« des Therapeuten muß ihre Grenzen haben, sonst besteht die Gefahr, daß der Patient zu einem Riesenbaby herangezüchtet wird. Solche Riesenbabys werden immer gefräßiger, je mehr sie abgeschirmt und beschützt werden. Vom heranwachsenden Kind haben wir gehört, daß es lernen muß, »optimale Frustrationen« zu ertragen, weil dies für eine normale seelische Entwicklung notwendig ist. Das gleiche gilt auch für den Patienten – jedenfalls für denjenigen, der sich in einer analytischen Behandlung befindet; denn auch er muß lernen, »optimale Frustrationen« von seiten des Therapeuten zu ertragen. Das will natürlich nicht heißen, daß der Therapeut den Patienten bewußt frustrieren soll; aber weil er auch nur ein Mensch ist mit Schwächen, Fehlern und eigenen Grenzen, wäre er schlechthin überfordert, würde man von ihm verlangen, seine Patienten niemals zu enttäuschen.

Man kann auch sagen, daß der Patient mit der Zeit lernen muß, bei seinem Therapeuten »erträgliche« Frustrationen und Desillusionierungen zu tolerieren. Mit erträglich meine ich ein Ausmaß, das sich auf den Patienten nicht traumatisch auswirkt. Der Therapeut ist kein »Supermensch«, der grenzenlose Empathie verschenken kann. Er wird in seinem Mitgehen immer wieder einmal versagen, da er sich selber dann und wann unpäßlich fühlt oder mit eigenen Problemen beschäftigt ist. Er wird dann Mühe haben, diese Probleme ganz zu vergessen und in den Hintergrund zu stellen. Jeder Therapeut wird sich auch dann und wann weniger gut konzentrieren können; es kann auch einmal Ärger in ihm aufkommen, oder das Gehörte langweilt ihn ganz einfach. Es ist nicht die Aufgabe des Therapeuten, dem Patienten die narzißtischen Kindheitswünsche ersatzweise zu befriedigen. Die Erwartungen gerade von narzißtisch gestörten Menschen zielen oft unbewußt auf eine Inbesitznahme des Therapeuten, die sich zuweilen weit in dessen Privatbereich erstrecken möchte.

In jedem Fall gehört es zum Wichtigsten in einer Therapie, daß eine *Vertrauensbasis* entsteht, die dem Patienten Geborgenheit schenkt und das Gefühl, sich fallenlassen zu dürfen, ohne daß ihm dabei bewußt etwas Böses angetan wird. Beim narzißtisch Depressiven braucht es oft sehr lange, bis er sich angenommen und aufgehoben fühlt. Wenn er soweit ist, wagt er mit der Zeit, seine Gedanken, Erinnerungen und Einfälle – auch die sehr persönlichen und solche, die ihm peinlich sind – zu äußern. Er wagt auch, und dies ist etwas ganz Entscheidendes, seine bisher verschüttete Gefühlswelt in sich aufzuspüren und dem Therapeuten mehr und mehr davon zu zeigen. Dies geschieht, wenn er weiß, daß er sich auf den Therapeuten verlassen kann, daß er nicht ausgelacht oder gescholten wird, daß er sich nicht zu schämen braucht, sondern daß er, als der Mensch, der er ist, akzeptiert und ernst genommen wird.

Eine wichtige Aufgabe bei der Begleitung eines narzißtisch depressiven Patienten besteht darin, daß der Therapeut ihn *stützt* und ihm *Halt gibt*. Der immer noch, selbst bei Ärzten, geläufige Appell: »Reiß dich zusammen! Wo ein Wille ist, ist auch ein Weg!« ist ein schwerer Fehler; denn gerade die depressiven Patienten sind in ihren Willensbemühungen und ihrem Antrieb gehemmt. Durch einen solchen Appell wird höchstens die Verzweiflung des Patienten über das eigene »Versagen« noch zunehmen, und er wird noch mehr unter Schuldgefühlen leiden. Depressive brauchen regelmäßigen liebevollen Kontakt. Dies bedeutet nun nicht, daß auf sie eingeredet werden soll; entscheidend ist vielmehr, daß sie das Gefühl von Geborgenheit kennenlernen. In der analytischen Psychotherapie wird streng vermieden, den Patienten Ratschläge zu erteilen. Beim narzißtisch Depressiven, wie beim depressiven Patienten überhaupt, kann es aber sehr wichtig sein, den Kranken auch mit eindeutigen Ratschlägen zu stützen. Hans beispielsweise geriet in einen derart ausweglosen Ohnmachtszustand, daß ich als sein Therapeut an seiner Stelle handeln mußte.

Erst in einer zweiten Therapiephase kommt das *Deuten* zum Zug. Bei Patienten wie bei Hans zum Beispiel ist es wichtig, ihnen die Fassade zu zeigen, in der sie leben. Der Zugang zum wahren Ichselbst hinter der Fassade wird oft erst möglich, wenn der Kontakt zu den Erlebnissen und Eindrücken aus der Kindheit wieder lebendig geworden ist. Hans beispielsweise mußte erst einmal bewußt werden, daß er als Kind weniger unter dem Vater gelitten hatte als unter der Mutter, die ihn nur dann akzeptiert hatte, wenn er in allen Teilen ihren Wünschen und Vorstellungen entsprach.

Wenn es gelingt, die narzißtischen Abwehrhaltungen und Kompensationsmechanismen aufzuzeigen, so ist das für die Entwicklung des Patienten eine große Chance. Am schwersten ist das wohl dort, wo negative Größenphantasien vorliegen, wo der Patient sich als der Schlechteste aller Schlechten fühlt und die Schuldgefühle überdimensional sind. Den Analysanden davon zu überzeugen, daß diese negativen Gefühle auch dem Abwehr- und Kompensationsbedürfnis entstammen, das braucht oft enorm viel Zeit und Geduld. Aber es geht um weit mehr: Das Aufzeigen und Deuten allein bewirkt nichts außer einer intellektuellen Einsicht. So muß zunächst in erster Linie der Therapeut Verständnis haben für die Situation seines Patienten und ihm aus diesem Verständnis heraus Wege zeigen, wie der Patient Verständnis für sein eigenes (Fehl-)Verhalten aufbringen kann, damit der Teufelskreis des Kompensierens mit der Zeit in die eine oder andere Richtung durchbrochen werden kann.

Sucht man zu ergründen, woher eine so negative Einstellung

zu sich selbst stammt, stößt man unweigerlich auf *unverarbeitete Kindheitsprobleme.* Der Therapeut muß nun versuchen, dem Patienten zu helfen, seine Projektionen und *Übertragungen* kennenzulernen und zu verstehen. Durch die Übertragungssituation wird oft eine negative Elternfigur auf den Therapeuten projiziert. Vielleicht werden dann harte Vorwürfe gegen den Therapeuten gerichtet. Abgesehen davon, daß dieser natürlich auch Fehler macht, lassen solche Vorwürfe auf eine schwierige Kindheitssituation schließen, die nun in der Therapie unbewußt aktiviert wurde und negative Emotionen auslöst. Gelingt es, dem Patienten den Zusammenhang zu deuten, so daß er einsehen kann, daß seine negativen Gefühle sich zwar am Therapeuten entzünden, ihn aber gar nicht wirklich gemeint haben, sondern eigentlich gegen einen Elternteil gerichtet waren, so ist schon viel gewonnen. Hält der Therapeut diese Vorwürfe zudem ruhig aus, so kann der Patient zweierlei Erfahrungen machen, die für ihn von großer Bedeutung sind: Erstens wird ihm klar, daß er projiziert hat, und zwar unbewußt etwas Negatives; zweitens erlebt er, daß der Therapeut ihn trotz der Vorwürfe, die er ihm gemacht hat, nicht ablehnt, sondern ihn versteht.

Maja, die junge Lehrerin, kam einmal schreckensbleich und völlig aufgelöst in die Stunde. Mit schwacher, zitternder Stimme wiederholte sie immerzu, es sei ihr etwas passiert, und wenn ich es wüßte, so würde ich sie bestimmt nicht mehr mögen und sie verstoßen. Sie verhielt sich wie ein kleines Kind, das etwas Böses angestellt hat und schuldbewußt, zitternd und ohnmächtig vor seinem Vater steht. Erst nach langem Zureden wagte sie schließlich, die »schreckliche Tat« zu gestehen: Sie war beim Falschparken erwischt worden und mußte mit einer Anzeige rechnen. Als ich das hörte, mußte ich spontan lachen. Damit löste sich bei Maja die ganze schwere Belastung; sie spürte: der Therapeut verurteilt mich ja nicht; es erfolgt keine Bestrafung; es gibt keinen Liebesentzug; der Therapeut verhält sich ganz anders als erwartet, anders, als die Eltern sich in entsprechenden Situationen verhielten. Jetzt konnte sie ihre

»Sünde« auch in der richtigen Dimension sehen. Es war auch gar nicht objektiv um die Sache selbst gegangen, sondern sie war in eine negative Übertragung geraten und erlebte die Eltern im Therapeuten. Sie hatte sich zwar, ihrer Art gemäß, nicht aggressiv, sondern ängstlich verhalten, aber die Sache bleibt sich gleich: Es war zu einer negativen Projektion gekommen.

Noch ein anderes Beispiel möchte ich anführen.

Thomas liegt auf der Couch und klagt wieder einmal, wie wertlos er sich fühle. Ich antworte nicht sogleich, das heißt, ich versuche nicht, ihn sofort zu trösten und aufzurichten. Später gesteht er mir, er habe Aggressionen gegen mich verspürt. Mein Schweigen in jenem Moment sei genau so gewesen wie das seiner Eltern; sie schwiegen immer, wenn er als Kind etwas sagte, was ihm wichtig war, schenkten ihm keine Beachtung; er war, so wenigstens erlebte er es, unwichtig für sie. Er hatte in jenem Moment, da ich schwieg, seine schweigenden Eltern auf mich übertragen. Er erlebte sich genau so wie damals in der Kindheit. Jetzt realisiert er, daß der Therapeut zwar einen kurzen Moment geschwiegen hatte, dabei aber doch ganz aufmerksam war bei dem, was ihm anvertraut wurde, und das erleichtert Thomas dann sehr.

Selbstverständlich muß ein Therapeut beim Deuten von Übertragungen sehr behutsam und empathisch vorgehen. Es wäre ein grober Fehler, wenn er dem Patienten einfach mitteilen würde: »Sie verwechseln Vergangenheit und Gegenwart.« So wird er ihm etwa sagen, daß er seine Reaktion sehr gut verstehen kann angesichts der vielen Verletzungen und Kränkungen in seiner Kindheit – im Fall von Maja beispielsweise waren es die unzähligen Strafen der Eltern durch Liebesentzug, und im Fall von Thomas war es das Desinteresse seiner Eltern.

Neben den negativen Erfahrungen und Kränkungen aus der Vergangenheit, die sich am Therapeuten neu entzünden, können auch positive Ideale übertragen werden, Wunschvorstellungen, die ebenfalls in die frühe Kindheit zurückreichen, so etwa die Wunschvorstellung von einem vollkommenen und gütigen Vater oder von einer liebevollen, symbiotisch verschmelzenden Mutter. Der Therapeut wird also ebensooft zu einer gehaßten wie zu einer geliebten Elternfigur. Es kann auch zu heftigen Verliebtheiten kommen, wobei sich dann die Übertragung und die wirkliche, aktuelle Beziehung miteinander zu vermischen pflegen. Diese Situation erfordert vom Therapeuten sehr viel Takt und Kontrolle über die eigenen Gefühle und Wünsche. Hier spielt eine Gegenübertragung mit hinein, der er sich immer bewußt sein und mit der er sich sehr genau und verantwortungsvoll auseinandersetzen muß.

Befassen wir uns noch einmal mit *Doris*: Die Übertragung auf den Therapeuten war sehr oft eine negative Vaterübertragung. Immer wieder hatte Doris den Eindruck, sie habe mich enttäuscht, weil sie zuwenig interessantes Material in die Stunde bringe oder sonst wieder versagt habe, wobei sie regelmäßig in ein depressives Loch fiel. Scham überkam sie und die Angst, von ihm fallengelassen und bestraft zu werden, wie von ihrem Vater.

Wenn ich in den Analysestunden mit Doris hie und da schwieg, geriet sie leicht in Panik. Es geschah dasselbe wie bei Thomas, den ich zuvor kurz erwähnt habe. Mein Schweigen erinnerte Doris sehr stark an ihren Vater; er schwieg ja auch immer, wenn sie mit etwas zu ihm kam, und interessierte sich kaum für sie. So bekam sie das Gefühl, alles, was sie sage, sei wertlos und einer Antwort nicht würdig. In der Therapie sprachen wir oft von dieser Übertragung ihres negativ empfundenen Vaters auf mich. Doris war sicher, wenn sie diese Erfahrungen mit meinem Schweigen nicht gemacht hätte, so wären diese Erinnerungen, diese gräßlichen Gefühle, die sie aus ihrer Kindheit kannte, gar nicht in ihr aufgekommen; so hätte sie sie aber auch gar nicht bewußt erleben und kennenlernen können mit dem Ziel, sie zu verarbeiten.

Dieses Beispiel zeigt uns sehr deutlich, wie wichtig die Übertragungssituation für das Wiederaufleben der Kindheit und deren Rekonstruktion ist. Es genügt keineswegs, sich an dies und jenes aus der Kinderzeit zu erinnern. Die Erinnerung muß einen *emotionalen* Gehalt haben und so erlebt werden, als ob sich alles jetzt im gegenwärtigen Moment abspielte. Dies ist aber nur mit Hilfe der Übertragung möglich. Durch die positive oder negative Elternübertragung auf den Therapeuten aktiviert sich das Geschehene derart, daß der Patient so davon betroffen wird, daß er unmöglich distanziert bleiben kann. Genau dies aber ist nötig, um einen Prozeß voranzutreiben.

Doris stellte sehr hohe Erwartungen an mich. Sie forderte unaufhörliche Empathie. Um so intensiver reagierte sie, wenn sie den Therapeuten gelegentlich als zu wenig empathisch erlebte. Sie fühlte sich dann frustriert, und mit der Frustration flammte ihr Mißtrauen auf: »Aha, Sie also auch! Im Grunde denken Sie, Herr W., doch nur Schlechtes von mir und verachten mich. Jetzt fühle ich mich wie ein begossener Pudel, ganz wie seinerzeit daheim.« Sie fühlte sich im Stich gelassen und war wütend auf mich. Solche Momente waren für uns beide schwierig, und doch waren sie notwendig.

Verschiedene Male regredierte Doris zu einem kleinen Kind, das mit mir in einer tiefen Symbiose leben wollte, als wäre sie ein Säugling. Sie lutschte am Daumen und verlangte nach der Mutterbrust. Kohut würde hier von einer ausgeprägten Spiegelübertragung sprechen, wie sie auch in dem kurzen, aber wichtigen Übertragungstraum von Doris (S. 26) beredten Ausdruck findet. Wir erinnern uns daran, daß in der Spiegelübertragung der Analytiker die narzißtischen Bedürfnisse befriedigen, das heißt daß er dem Patienten Wärme und Geborgenheit vermitteln soll. In jedem Fall ist die Sehnsucht nach Fusion, nach Verschmelzung, etwas für den narzißtisch depressiven Menschen sehr Typisches.

Das Deuten, von dem wir sprachen, sollte, wie erwähnt, vor allem die narzißtischen Abwehrhaltungen und Kompensationen erfassen. Wie bei allen Projektionen geht es aber nicht darum, dem Patienten einfach aufzuzeigen und zu erklären, was bei ihm vorliegt. Damit ist überhaupt nichts gewonnen. Ich sagte einmal zu einer jungen Patientin, die immer wieder betonte, sie sei der schlechteste Mensch auf dieser Welt, ihrer

Aussage liege etwas Größenphantastisches zugrunde. Worauf sie vorwurfsvoll erwiderte: »Was hilft mir das, wenn Sie mir so etwas sagen?« Sie hatte recht; ich hätte tatsächlich viel subtiler und liebevoller vorgehen sollen. Ich hätte ihr zwar zeigen können, daß in ihrer Klage etwas Größenphantastisches sich verbirgt, aber gleichzeitig beifügen müssen: »Ist es nicht verständlich, daß Sie sich manchmal so unendlich schlecht vorkommen, da Sie in der Kindheit eine Mutter hatten, die uneinfühlsam und fordernd war, bei der Sie stets ein liebes, braves Kind sein mußten, was ja absolut unmöglich ist, und Sie dauernd mit Schuld- und Versagungsgefühlen beladen waren?« Immer geht es beim Deuten neben dem Aufdecken auch darum, alles daranzusetzen, daß der Patient *Verständnis für sein eigenes Verhalten* aufbringen kann. Deuten als ein Aufzeigen allein ist lieblos und wirkt sich oft kontraproduktiv aus.

In dieses Kapitel über die therapeutische Haltung gehören unbedingt auch ein paar Gedanken, die sich mit der *Gegenübertragung* befassen. Es gibt heute verschiedene Konzepte der Gegenübertragung. Nach der klassischen psychoanalytischen Auffassung ist die Gegenübertragung die unbewußte Reaktion des Analytikers auf die Übertragung des Patienten. Es gibt aber auch ein neueres Konzept von der Gegenübertragung. O. Kernberg hat es als »ganzheitliche« Auffassung bezeichnet, weil sie nicht nur die unbewußten Reaktionen des Analytikers auf die Übertragung umfaßt, sondern alle emotionalen Reaktionen des Analytikers auf den Patienten in der Behandlungssituation einschließt. Das heißt: Die emotionalen Reaktionen des Analytikers beziehen sich nicht nur auf die Übertragung eines Patienten, sondern ebensosehr auf dessen Realität. Die Beziehung Therapeut-Patient beschränkt sich ja im emotionalen Bereich keineswegs nur auf die Übertragung allein, sondern beruht ebensosehr auf der Tatsache, daß hier zwei reale Menschen miteinander im Austausch stehen. Beispielsweise darf die Liebe eines Patienten nicht nur als Übertragungsgeschehen interpretiert werden. Wenn Übertragung und Gegenübertragung in diesem erweiterten Sinn verstanden werden, verliert die Gegenübertragung ihr früheres Odium, den negativen Beigeschmack, sie sei etwas, das im Grunde falsch oder für die Therapie schädlich sei.

Bei der Gegenübertragung handelt es sich teilweise um Gefühlsreaktionen des Analytikers, die ihm bewußt sind. Wichtiger aber sind die unbewußten Gefühlsreaktionen. Sie sind »blinde Flecke« des Therapeuten. Sie können zwar in ihrer Gesamtheit nie bewußtgemacht werden – es bleiben immer solche blinden Flecke übrig –, aber bei steter Selbstbeobachtung gelingt es doch in einem beträchtlichen Maße, sie bewußtzumachen. Ganz wichtig ist es für einen Therapeuten, wie er mit seinen oft sehr intensiven Gefühlen für einen Patienten in der Therapie umgeht, ob er beim Erkennen seiner Gefühle stehenbleiben kann oder ob er sie ausagiert. Tut er letzteres, das heißt, bringt er, wie man sagt, seine Gefühle in die Therapie ein, so muß er sich bewußt sein, warum er es tut und welche Wirkung dies vermutlich auf den Patienten haben wird. Der Therapeut muß Klarheit haben, wieweit seine eigenen Bedürfnisse, Wünsche und Konflikte in die Therapie hineinspielen, miteingeschlossen seine eigene Vergangenheit und die zu ihr gehörenden Wunden. Das oberste Gebot besteht darin, daß ein Therapeut seine Patienten nie für seine eigenen Bedürfnisse und Interessen benutzt und damit mißbraucht.

Das vielleicht schwierigste Problem in der Gegenübertragung bei narzißtisch depressiven Patienten – oder bei narzißtischen Störungen überhaupt – ist die Art und Weise, in der man mit einer intensiven *narzißtischen Übertragung* umgeht, wenn sie sich einmal eingestellt hat. Ich beziehe mich hier auf frühere Ausführungen über die narzißtische Übertragung (S. 27) und auf das, was Kohut darüber äußert, der in seiner letzten Schaffenszeit den Begriff »narzißtische Übertragung« freilich durch denjenigen der »Selbstobjektübertragung« ersetzt hat. Monate-, ja vielleicht jahrelang wird man von einem Patienten narzißtisch besetzt, manchmal auf eine sehr subtile Weise, so daß man bewußt fast nichts davon wahrnimmt. Aber mit der Zeit tritt mehr und mehr die Gegenübertragung in Kraft und gewinnt die Oberhand. Plötzlich fühlt sich der Therapeut in den Sitzungen selber wertlos. Die Wertlosigkeit, unter der der depressive Patient leidet, hat dann beim Therapeuten Fuß gefaßt. Die Stunden, die er gibt, erscheinen ihm zunehmend schlecht, langweilig und sinnlos. Er spürt in sich selber oft eine gähnende Leere; er erlebt eine alles abtötende Monotonie. In dieser Art von Gegenübertragung verliert der Therapeut allmählich die Empathie für seinen Patienten, verliert auch seine Aufmerksamkeit und sein Interesse mehr und mehr. Oft hat er gar mit dem Schlaf zu kämpfen. Schuldgefühle stellen sich ein, weil er das Gefühl bekommt, seinen Patienten im Stich zu lassen, aber auch, weil er seinem Therapeutenideal nicht gerecht werden kann. Es ist sehr wichtig für den weiteren Verlauf einer solchen Therapie, daß der Patient alle diese Gefühle als Gegenübertragungsphänomene erkennt. Der Therapeut muß zudem lernen, die Grenzen seiner Empathiefähigkeit einzusehen und zu bejahen. Er muß unbedingt sein oft perfektionistisches oder gar grandioses Ideal von sich selber als Therapeut in ein Mitgehen verwandeln, das es ihm erlaubt, Mensch zu bleiben. Dazu kommt, daß es in psychohygienischer Hinsicht nötig ist, die Praxis nicht nur mit schwer narzißtisch depressiven Patienten zu füllen. Diese Menschen brauchen so unendlich viel Kraft, daß weder ihnen noch dem Therapeuten geholfen ist, wenn er sich mit zu vielen schweren Fällen überlastet.

Bei der idealisierenden Übertragung treten eher andere Schwierigkeiten auf. Die idealisierende Übertragung löst beim Therapeuten oft ein Unbehagen aus, besonders dann, wenn sie sehr früh und heftig einsetzt und der Analytiker davon überrascht wird. Es ist durchaus nicht außergewöhnlich, daß allzu offenkundige Schmeichelei ein gewisses Unbehagen bei uns auslöst. Es handelt sich bei diesem Mißbehagen um nicht verarbeitete Anteile des eigenen Narzißmus, das heißt: Die narzißtische Spannung wird zu groß und muß abgewehrt werden. So verspüren auch viele Therapeuten primär den Wunsch, die idealisierende Bewunderung ihrer Patienten abzuwehren. Je weniger sich der Therapeut seiner eigenen narzißtischen Spannungen bewußt wird, das bedeutet: je weniger sein Narzißmus in der Lehranalyse bearbeitet wurde, desto größer ist die Gefahr, die Idealisierung abzuwehren, was grob, aber auch subtil erfolgen kann. Die Abwehr kann beispielsweise so erfolgen, daß der Therapeut zu früh Deutungen der idealisierenden Übertragung gibt, den Patienten überhaupt damit konfrontiert und somit verhindert, daß dieser seine Übertragung während einer gewissen Phase leben kann. Deutende Hinweise auf die Übertragung werden im Frühstadium der Analyse vom Patienten zu Recht oft als Verbot verstanden: »Du darfst nicht übertragen!« Gleichgültig, wie sanft und freundlich der Therapeut sich dabei ausdrückt, hört der Patient ihn sagen: »Sei doch nicht kindisch; so, wie du mich siehst, ist es doch nicht realistisch« oder dergleichen. Es gilt auch hier der therapeutische Grundsatz: Zunächst zuhören, verstehen, akzeptieren – und erst wenn sich der Patient durch diese Haltung gefestigt fühlt, was eine gute Weile dauern kann, und er Vertrauen gefaßt hat, kommt das Erklären und Deuten an die Reihe. Die Übertragung soll keineswegs gefördert werden. Stellt sie sich aber ein, soll sie während einer adäquaten Therapiepause unbedingt akzeptiert werden.

Was geschieht im Patienten?

Daß er Gefühle hat und daß er sie auch zulassen darf, das ist vielleicht das Wichtigste, was der narzißtisch depressive Patient in der Therapie erfahren sollte. Das *Entdecken der eigenen Gefühle*, vor allem auch der sogenannten bösen, häßlichen, unangenehmen, kann nur in einer Atmosphäre des Vertrauens gelingen, wo der Patient sich akzeptiert fühlt. Vertrauen muß wachsen, und das kann Jahre in Anspruch nehmen; im Fall von Hans brauchte es sieben, acht Jahre, bis er sich wirklich ganz sicher angenommen fühlte. Oft kommen Ratsuchende zu mir, die vielleicht von der Lektüre eines Buches oder Zeitungsartikels angesprochen wurden und sich ihrer

»Gefühlsarmut« bewußt werden. Solche Menschen suchen bei mir nicht selten ein Rezept, wie sie in möglichst kurzer Zeit ihre Gefühlswelt entwickeln könnten. Dann muß ich sie jeweils mit dem Gedanken vertraut machen, daß nur durch einen langwierigen inneren Prozeß gebessert werden kann, was sich während der frühen Kindheit in eine falsche Richtung entwickelt und sich zudem ein halbes Leben lang verfestigt hat.

Hans kannte jahrelang als einzige Gefühlsreaktion nur Wut und Haß seiner Mutter gegenüber. Natürlich war er so gewohnt, diese Emotionen sofort wieder hinunterzuschlucken, wenn sie sich meldeten, daß nur die depressive Gefühlslage sichtbar war. Sein Verhalten Pflanzen und Tieren gegenüber zeigte aber, daß es sich um einen sehr feinempfindenden, gefühlsbetonten, sensiblen Mann handelte, der tief versteckt ein warmes Herz hatte. Es dauerte aber, wie erwähnt, Jahre, bis er sein eigentliches Gefühlsleben wirklich entdeckte.

Bei *Doris* war Trauer das erste Gefühl, das in der Therapie in ihr aufstieg, Trauer darüber, daß in ihrem Leben so manches Entscheidende danebengegangen war, daß sie *ihr* Leben bis dahin noch gar nicht leben konnte, daß sie bisher überhaupt noch gar nicht richtig dagewesen war, sondern nur in der Fassade gelebt hatte. Durch die Trauer fühlte Doris sich lebendiger; sie begann sich selbst zu spüren, und dies bedeutete auch: Sie begann, Empathie für sich selber zuzulassen.

Nach dem Erleben der Trauer lernt Doris die Wut kennen. In den Therapiestunden wird sie richtiggehend geschüttelt von Wut, die sich gegen ihren Vater richtet, nein, gegen alle Männer, die sie immer nur angelockt und dann fallengelassen hätten. Sie verspürt einen starken Drang, ihren Haß herauszulassen, auszuagieren. Auch auf den Therapeuten hat sie eine Wut – wir erinnern uns an den Traum von der psychiatrischen Klinik, den wir im ersten Kapitel besprachen –, sie ist skeptisch und unsicher und weiß nicht, ob er sie auch wirklich versteht. Die Wut auf den Therapeuten ist aber gedämpft, einerseits, weil sie ihn nicht verlieren will, andererseits wohl auch, weil sie spürt, daß er sie nicht manipuliert.

In unzähligen Stunden weint Doris, fühlt sich verletzt und betrogen vom Vater und ihrem Mann. Sie sagt: »Ich wurde stets mißachtet; ich mußte mein Selbst verleugnen.« Zum erstenmal regt sich auch die Wut auf die Mutter, aber es geht eine Weile, bis sie diese auch wirklich vor sich selber zulassen kann.

Immer wieder wird sie von der Angst befallen, auch ich könnte sie zurückstoßen und fallenlassen. Diese Angst hatte sie dann besonders intensiv, wenn sie ihrer Meinung nach kein interessantes Material in die Stunde brachte. Dann emfand sie Scham und Schuld. Es galt einfühlend zu versuchen, sie mit dem Gedanken vertraut zu machen, daß sich in ihrer Scham Größenphantasien verbergen, und diese zu deuten. Die Scham zeigt in diesem Fall, daß Doris zu versagen glaubt vor dem Therapeuten und vor sich selber, daß sie ihren übersetzten Ansprüchen nicht gerecht werden konnte. Die übersetzten Forderungen sich selber gegenüber sind ein Ausdruck für das Größenselbst; die vermeintlich hohen Ansprüche des Therapeuten sind Übertragungen von kindlichem Erleben, von der Erinnerung an die Eltern mit ihren übermäßigen Anforderungen. Die vermeintliche Mißbilligung, Bestrafung und Verachtung durch den Therapeuten – wiederum ein übertragungsbedingter Trugschluß – führte dazu, daß sich Doris von Schamgefühlen überflutet fühlte.

Immer mehr kann Doris ihre Haßgefühle auf den Vater zulassen, aber noch sind andere, spontane Gefühlsreaktionen blockiert in ihr. Sie erzählt beispielsweise von einem kürzlichen Besuch im Zirkus mit verschiedenen Kindern. Unter den Kindern befand sich ein besonders ängstlicher und verschüchterter Junge, der sich während der Vorstellung hilfesuchend an sie lehnte. Zu ihrem Schmerz war sie nicht in der Lage, ihrer spontanen Regung zu folgen und den Arm um das Kind zu legen. Warum nicht? Sie spürt, daß sie es nicht kann, weil sie es als Kind selber nie erfahren hatte. Sie erkennt, daß sie das, was sie selber nicht bekommen hat, nicht weitergeben kann und will. Neid steigt in ihr auf, Neid auf alle Menschen, die in einer solchen Situation beschützt werden.

Es fällt ihr schwer, alle diese negativen Gefühle wie Haß, Rachsucht, Neid zuzulassen; doch sie spürt, daß es absolut nötig ist, es zu lernen.

Doris hatte große Angst, ihre Haßgefühle auf die Mutter in sich hochsteigen zu lassen. Sie schildert die Mutter als eine schwächliche, oft kränkliche Person, die – wie ja auch der Vater – stets geschont werden mußte. Doris betont, man habe immer irgendwie darauf gewartet, daß die Mutter zusammenbreche, was auch gelegentlich geschah, oder sie hatte Angst, die Mutter sterbe vor lauter Kummer. Sie scheint auch oft zu ihrer Tochter gesagt zu haben: »Wenn du so unartig bist, bringst du mich noch ins Grab!« Die Mutter ist ja auch gestorben, und dadurch wurden in Doris ganz starke Schuldgefühle lebendig. Ja, sie erlebte den Tod der Mutter an Krebs als ihre Schuld; die Mutter hatte ja oft gesagt, Doris mache sie krank. Doris meinte: »Wenn ich noch braver, noch fügsamer gewesen wäre, würde meine Mutter vielleicht noch leben.« Erst nach langen Jahren der Therapie lernt Doris allmählich, echte und unechte, das heißt neurotische und berechtigte Schuldgefühle voneinander zu unterscheiden. Sie lernt auch allmählich Haß- und Rachegefühle der Mutter gegenüber zu akzeptieren.

Ich möchte an dieser Stelle einem häufig auftretenden Mißverständnis vorbeugen. Es geht in der Therapie in keiner Weise darum, daß da wacker gehaßt wird, auch nicht darum, mit den Eltern als Sündenböcken die Schuldigen zu ermitteln. Es ist einzig wichtig, daß *die Kindheit möglichst so wiedererinnert und erlebt wird, wie sie wirklich war*. Das ist aber unmöglich, wenn die oft verheerende Schonung der Eltern aufrechterhalten wird. Aber um die Schuldfrage soll es in der Therapie gar nicht gehen, und sie gehört schon gar nicht in den Kompetenzbereich eines Therapeuten. Dieser hat kein Richter zu sein und soll auch seine Patienten nicht zu Richtern und Verurteilern machen.

Es geht um etwas anderes: Der Patient soll lernen, seinen Gefühlen Raum zu geben, sie zuzulassen und zu leben, selbst wenn es sich um solche handelt, die bis dahin als schlecht und böse galten wie etwa Aggressionen. Erst wenn er diesen sogenannt bösen Gefühlen freie Bahn verschaffen kann, stellen sich auch die anderen ein, die das Leben lebenswert machen: die Freude, die Liebe, die Daseinslust und viele andere mehr. Erst wenn alle Gefühle grundsätzlich dasein dürfen, werden wir zu lebendigen Menschen. Erinnern wir uns an Hans, der nach vielen Jahren Therapie den Zugang zu seinen Gefühlen und seinem inneren Leben fand, was ihm half, die Depression zu überwinden und die Freude am Leben zu entdecken.

Das ist das eine. Zum zweiten werden bisher unbewußte, verdrängte Gefühle und Emotionen unbedrohlicher, wenn sie aus ihrem Schattendasein ins Licht des Bewußtseins rücken. Wir fühlen uns begreiflicherweise durch die negativen Gefühle bedrängt; und gerade sie lassen sich eher steuern, wenn wir sie kennen; sonst haben sie uns und nicht wir sie! Wenn ich mir beispielsweise meines Neides oder meiner Rachegefühle nicht bewußt bin, mache ich vielleicht nach außen den Eindruck eines hochanständigen Ehrenmannes und glaube selber, dies auch zu sein. Dann kann es plötzlich passieren, daß anhand eines Ereignisses heftigste Neid- und Rachegefühle aus mir herausbrechen, denen ich hilflos ausgeliefert bin. Da dies Ereignis ganz unerwartet eintritt, kann der Schaden groß sein, wenigstens was das Bild des hochanständigen Ehrenmannes anbelangt. Und wenn ich dann diese Gefühle in aller Heftigkeit an jemandem auslasse, so bricht die Fassade vollends zusammen. Wenn es mir dann gelingt, trotz des Erschreckens über mich selbst, diese negativen Gefühle als Teil meiner selbst anzunehmen, so kann ich mich mit ihnen auseinandersetzen und dabei lernen, auch mit den dunklen *Schatten* in mir besser umzugehen. Auch hier muß ich betonen, daß eine derartige Schattenbearbeitung bei narzißtisch depressiven Patienten erst nach längerer oder gar langer Zeit möglich wird, wenn sich der Patient in der Beziehung zu seinem Therapeuten sicher fühlt, Vertrauen hat und spürt, daß er verstanden, begleitet und angenommen ist.

Zusammenfassend möchte ich noch einmal sagen: Das Freilegen von negativen Gefühlen den Eltern gegenüber dient in der Therapie nicht dazu, einen Schuldigen zu finden; denn auf diese Weise könnte die Verantwortung ganz an die Eltern delegiert werden, und es käme weder eine Nachreifung zustande noch würde man lernen, Selbstverantwortung zu übernehmen. Das Freilegen von Gefühlen, auch von negativen, macht uns lebendiger und ermöglicht den bewußten Umgang mit den eigenen Schattenseiten.

Narzißtisch Depressive sind oft unfähig, Ärger und Wut und die damit verbundenen *Aggressionen* zu leben, und so richten sich ihre Aggressionen, die im Unbewußten gestaut sind, mit aller Härte gegen sie selber. Der Betreffende spürt dies meist gerade nicht als Wut und Aggression, sondern als innere Leere und eine Zerstörung seines Selbstwertgefühls.

Es kann darum einen großen Fortschritt bedeuten, wenn sich im Laufe der Therapie *Aggressionen gegen den Therapeuten einstellen.* Natürlich handelt es sich dabei um eine negative Übertragung, und es ist wichtig, den Übertragungsablauf sowie die Beziehungssituation sorgfältig unter die Lupe zu nehmen. Doch will ich hier die Situation einmal von einer anderen Warte aus betrachten. Das Aufkommen von Aggressionen bei narzißtisch depressiven Patienten gegen den Therapeuten ist zwar für diesen nicht leicht zu ertragen, ist aber gleichzeitig eine große Chance, daß im Patienten der allmächtige Panzer, der ihn gefühllos macht, und die Kontaktlosigkeit zu sich selbst und zu anderen Menschen aufgebrochen wird. Wenn der Patient beginnt, sich gegen den Therapeuten aufzulehnen, bedeutet das – in den meisten Fällen – einen enormen Schritt in der Entwicklung. Die bisher überangepaßte Fassade bekommt eine undichte Stelle. Das kann dazu führen, daß der Therapeut pausenlos ins Unrecht gesetzt wird, wobei dann narzißtische Grandiosität und Verachtung mit hineinspielen. Im besseren Fall allerdings kann es gelingen, die Aggressionen für den inneren Prozeß fruchtbar zu machen. Geht der Therapeut auf die Aggressionen ein, wird es dem Patienten mit der Zeit möglich sein, seine Wut als Projektion zu erkennen, die eigentlich und ursprünglich einem oder beiden Elternteilen gilt; mit anderen Worten: Der Übertragungscharakter der Aggression dem Therapeuten gegenüber kann nun erkannt und gedeutet werden.

Margrit, eine Frau von 35 Jahren, kam fünf Jahre lang in die Therapie, bevor sie es wagte, den Therapeuten in Frage zu stellen und verbal anzugreifen. Und auch das geschah aus purer Verzweiflung, weil sie von einer unüberlegten und wenig sensiblen Bemerkung des Therapeuten zutiefst getroffen worden war. Sie fühlte sich völlig mißverstanden und total entwertet. Es wurde ihr bewußt, daß sie jahrelang zu vielen ähnlichen Kränkungen geschwiegen hatte – aus Angst, abgelehnt, ja sogar fortgeschickt zu werden. Offenbar war ihr Vertrauen in den fünf Jahren aber doch so gewachsen, daß es ihr möglich wurde, sich zum erstenmal ihren negativen Gefühlen zu überlassen und ihrer schweren Gekränktheit sehr emotional Ausdruck zu geben. Das Maß in ihr war einfach randvoll geworden, da sie sich bisher noch nie so richtig hatte wehren können in ihrem Leben, und so bewarf sie den Therapeuten geradezu mit Vorwürfen. Der Therapeut erschrak und ließ alles, was ihm da entgegengeschleudert wurde, ganz an sich heran. So entstand etwas, was Margrit in einer vergleichbaren Situation noch nie erlebt hatte: Es kam zu einem langen Gespräch, in welchem sie die vielen ungewollten Verletzungen aussprechen konnte, die ihr im Lauf der Jahre für ihr Gefühl von seiten des Therapeuten zugefügt worden waren. Es war für sie, wie sie im nachhinein beteuerte, ein richtiges Wunder, daß sie reden durfte, schimpfen durfte, dabei angehört wurde; daß man sie nicht wegschickte oder sonstwie bestrafte, daß sie sich für sich selber zur Wehr setzen durfte. Sie fühlte sich angenommen und ernst genommen.

Diese Erfahrung brauchte es für sie, um endlich in einem gefühlsmäßigen Kontakt zu ihrer Kindheit zu kommen. Als sie erst einmal erfahren hatte, daß sie auch ihre negativen Empfindungen leben durfte, tat sich alles in ihr auf. Die Beziehung zu ihrem Therapeuten gewann an Tiefe, was auch ihre anderen Kontakte enorm verbesserte, und ihr Selbstvertrauen nahm zu.

Daß sie gewagt hatte, sich ganz dem Moment zu überlassen, und dabei die Erfahrung machte, daß ihr nichts Böses geschah, erfüllte sie mit neuem Lebensmut und gab ihr die Kraft, Dinge zu tun und Schritte zu wagen, die sie sich nie zuvor zugetraut hätte. Es ist noch aus einem anderen Grund wichtig, Gefühle und mit ihnen Aggressionen zuzulassen. »Erinnern, Wiederholen, Durcharbeiten« heißt eine kleine, aber wichtige Schrift von Sigmund Freud, worin er im wesentlichen das therapeutische Konzept der Psychoanalyse umreißt. Mit *Erinnern* ist nun freilich mehr gemeint als ein bloßes Heraufholen von Erinnerungen, die im Unbewußten verdrängt sind. Es geht darum, daß der Patient sich an weit zurückliegende und teilweise verdrängte Konflikte erinnert, aber auch darum, daß er sie neu belebt, eben *mit seinen Gefühlen erlebt und nachvollzieht.* Die lebendige, nicht rein rationale, sondern gefühlsmäßige Auseinandersetzung mit den verdrängten Frustrationen, Kränkungen und Konflikten einerseits und das Wiederkäuen und Umkreisen andererseits sind die therapeutisch wirksamen Mittel. Es ist sehr wichtig, daß das Erinnern dem unbewußten Ausagieren, das vom Wiederholungszwang gesteuert wird, entgegenwirkt und an dessen Stelle tritt.

Das Erinnern als ein Wiederbeleben schmerzlicher Erfahrungen ist naturgemäß selber schmerzlich. Eine analytische Therapie ist daher kein Spaß und darf kein Glasperlenspiel sein. Soll eine Therapie wirksam sein, so gehört zu ihr eine tiefgreifende Auseinandersetzung mit sich selbst und der eigenen Vergangenheit.

Folgendes Beispiel mag die Bedeutung des von Gefühlen begleiteten Erinnerns illustrieren:

Maja erzählt folgenden Traum:

»Ich bin in der Wohnung, in der ich mit meinen Eltern aufwuchs. Eine Kollegin ist bei mir. Ich stelle ein Bild von mir auf das Pult meiner Mutter. Doch das ist mir beinahe peinlich.«

Man könnte meinen, daß es sich hier um einen Traum handelt, der nicht viel besagt. Aber das Gefühl der Peinlichkeit läßt aufhorchen. Bei der Besprechung des Traumes fiel Maja eine Szene aus ihrer Kindheit ein. Es war etwa zu Beginn der Pubertät, daß Maja eine Freundin hatte, die der Mutter überhaupt nicht gefiel. Man verbot ihr, weiterhin mit dieser Freundin zu verkehren. Als Maja nicht gehorchte und sich weiterhin mit dieser Freundin traf, lag eines Tages das Foto von Maja, das bislang auf dem Schreibtisch ihrer Mutter gestanden hatte, zerrissen da. Die Mutter sagte nur: »Ich habe keine Tochter mehr!« Maja nahm das damals hin, stumm, erstarrt, gefühllos, eigentlich ohne Schmerz. Wichtig für sie war nur, daß die Mutter wieder freundlich wurde, als sie die Freundschaft mit dem Mädchen aufgab. Doch jetzt, aufgerüttelt durch ihren Traum, erlebt sie die ganze Szene mit der Mutter noch einmal und nun äußerst schmerzhaft. Den Traum wollen wir hier nicht interpretieren. Bemerkenswert ist wohl, daß das Bild, um das es sich im Traum handelt, genau am selben Ort auf demselben Schreibtisch stand wie damals in ihrer Kindheit. Dieses Beispiel kann auch veranschaulichen, daß manche wichtigen Ereignisse aus der Realität erst durch einen Traum wieder in Erinnerung gerufen werden.

Wir haben schon an einer anderen Stelle (S. 100) über den *Wiederholungszwang* gesprochen. Der neurotische Patient wiederholt unbewußt, weil er die früheren Erfahrungen verdrängt hat. Er erinnert sich nicht an die gewesenen Verletzungen, sondern er setzt sich ihnen immer wieder neu aus, ohne sie als Wiederholungen zu erkennen. Erst in der analytischen Situation, durch die Hilfe des Therapeuten, kann es ihm mit der Zeit bewußt werden, was wirklich geschieht; hier kann er zum Erinnern vordringen und seine Wiederholungen erkennen. Die Voraussetzung hierfür ist, daß sich eine Übertragung einstellt. Durch die Übertragung wird der Analytiker zu einer Projektionsfigur, an der der Patient seine Wiederholungen entfalten kann wie auf einem Tummelplatz, wie Freud sich einmal ausdrückte. Doch der entscheidende Unterschied zum Leben »draußen«, das heißt außerhalb der Sprechstunde, ist der folgende: Der Therapeut agiert bei diesen Wiederholungen nicht mit, sondern er erkennt sie als solche und fühlt sich nicht persönlich betroffen. Bei ihm, in der vertrauensvoll-empathischen Atmosphäre, und mit Hilfe seiner Fragen und Deutungen wird das Erinnern und das Bewußtwerden der Wiederholungen möglich. Das braucht freilich sehr viel Zeit, weil sich immer erneut Widerstände einstellen beim Patienten, die gegen das Erinnern, weil es schmerzhaft ist, und das Aufdecken gerichtet sind. Es braucht von seiten des Patienten sehr viel Geduld und Durchhaltewillen, um nicht zu resignieren angesichts der Langwierigkeit und Schmerzhaftigkeit des inneren Prozesses. Er muß innerlich bereit sein, auch Trauerarbeit zu leisten; denn das *Durcharbeiten*, das heißt das Integrieren des Erinnerten, der Wiederholungen und der Deutungen sowie das Überwinden der eigenen Widerstände, bedeutet eine schmerzliche Trennung für immer von etwas, das ihm »lieb« war. Besonders schwer ist die Trauerarbeit bei einem narzißtisch depressiven Patienten, der erkennen muß, daß sein Traum von einer glücklichen Kindheit endgültig ausgeträumt ist: Erstens *war* seine Kindheit in Wirklichkeit alles andere als glücklich, sondern im Gegenteil so oft voller Entbehrungen, voller Kränkungen und voller Konflikte, daß der Betreffende sich eigentlich um seine Kindheit betrogen fühlen muß. Zweitens kann auch in der analytischen Situation die Kindheit nicht wirklich nachgeholt werden, obschon es wichtig ist, daß der Patient in einem gewissen Sinne etwas von der Zuwendung und Geborgenheit erfahren kann, die er in seiner Kindheit so schmerzlich entbehren mußte.

Was kann nun eigentlich *erreicht* werden?

Ich möchte bei narzißtischen Persönlichkeitsstörungen und so auch bei der narzißtischen Depression nicht so sehr von einer Heilung sprechen als von einer *psychischen Nachreifung*. Wir dürfen in der Psychotherapie nicht davon ausgehen, daß eine derart umfassende Persönlichkeitsstörung wie die narzißtische wirklich ausgeheilt werden kann. Um ein Bild zu gebrauchen: Eine Pflanze, die lang an einem ungünstigen Platz gewesen war, wird niemals so üppig heranwachsen, selbst wenn sie verpflanzt wird, wie eine andere, die von Anfang an die optimalen Bedingungen hatte.

Das *therapeutische Ziel* bei narzißtisch depressiven Patienten muß demnach bescheiden sein. Oft geht es nur darum, daß der Patient lernt, sich selber so zu akzeptieren, wie er wirklich ist. Dazu gehört auch, daß er die Fähigkeit entwickelt, zu trauern und nicht jeden Schmerz gleich wieder zu verdrängen. Es gehört auch dazu, sich seinen Gefühlen auszusetzen, gerade auch solchen, die einem bisher unangenehm, ja peinlich waren und die deshalb unterdrückt wurden. Es muß also die Fähigkeit entwickelt werden, Gefühle, welche auch immer, auszuhalten, ohne in eine Depression zu fallen. Ein wichtiger Aspekt ist der, daß der Patient seine Größenphantasien kennenlernt. Er kann sie dann besser integrieren, kann besser mit ihnen umgehen, kann sie »zähmen«, anstatt wie unbewußt auszuagieren. Wir haben ja gesehen, welche Bedeutung Größenphantasien gerade auch bei der narzißtischen Depression haben, und handle es sich lediglich um grandiose Phantasien von der eigenen Wertlosigkeit. In dem Maße, wie die Depression schwindet, kehren Freude am Leben und die Interessen wieder ein, füllt sich die gähnende Leere, die die Seele erdrückt. Das Selbstwertgefühl wird stabiler. Der Mensch kann sich nun nicht nur besser in sich selbst, sondern auch in die anderen einfühlen. Die Liebesfähigkeit wird größer, es entsteht ein echterer Kontakt zum Du. Die allumfassende narzißtische Besetzung weicht und ermöglicht Kontakt und Austausch mit anderen. Der Zwang, andere zu idealisieren oder herabzusetzen, nimmt ab; zurück bleibt der Mensch, der – wie auch immer – er selber sein darf. Das alles ist im Falle der narzißtischen Depression eine ganze Menge.

Literatur

Arnold, W., Eysenck, H.-J., Meili, R., Lexikon der Psychologie, 3 Bände, Freiburg i. Br. 1971
Asper, K., Verlassenheit und Selbstentfremdung, Olten 1987
Battegay, R., Narzißmus und Objektbeziehungen, Bern 1977
–, Depression, Bern 1985
Dieckmann, H., Übertragung und Gegenübertragung, Hildesheim 1980
Drewermann, E., Neuhaus, I., Das Mädchen ohne Hände, Olten 1981
Erikson, E., Identität und Lebenszyklus, Frankfurt a. M. 1966
Freud, S., Die Traumdeutung, Studienausgabe Band 2, GW Band 2 u. 3
–, Zur Einführung des Narzißmus, Studienausgabe Band 3, GW Band 10
–, Erinnern, Wiederholen, Durcharbeiten, Studienausgabe Ergänzungsband, GW Band 8
–, Vorlesungen zur Einführung in die Psychoanalyse, Studienausgabe Band 1, GW Band 11
–, Trauer und Melancholie, Studienausgabe Band 3, GW Band 10
Haase, H.-J., Depressive Verstimmungen, Stuttgart 1980
Henseler, H., Narzißtische Krisen, Hamburg 1974
Jacobson, E., Das Selbst und die Welt der Objekte, Frankfurt a. M. 1973
–, Depression, Frankfurt a. M. 1978
Jung, C. G., Psychologische Typen, GW Band 6
–, Zwei Schriften zur analytischen Psychologie, GW Band 7
–, Allgemeine Gesichtspunkte zur Psychologie des Traumes, GW Band 8
–, Die Archetypen und das kollektive Unbewußte, GW Band 9 / 1
–, Praktische Gesichtspunkte zur Verwendbarkeit der Traumanalyse, GW Band 16
Kernberg, O., Borderline-Störungen und pathologischer Narzißmus, Frankfurt a. M. 1979
Kohut, H., Narzißmus, Frankfurt a. M. 1973
–, Introspektion, Empathie und Psychoanalyse, Frankfurt a. M. 1977

–, Die Heilung des Selbst, Frankfurt a. M. 1979
–, Wie heilt die Psychoanalyse?, Frankfurt a. M. 1987
Laplanche, J., Pontalis, J. B., Das Vokabular der Psychoanalyse, 2 Bände, Frankfurt a. M. 1972
Lasch, G., Das Zeitalter des Narzißmus, München 1980
Lowen, A., Narzißmus. Die Verleugnung des wahren Selbst, München 1984
Mahler, M., Pine, F., Bergmann, A., Die psychische Geburt des Menschen, Frankfurt a. M. 1978
Miller, A., Das Drama des begabten Kindes und die Suche nach dem wahren Selbst, Frankfurt a. M. 1979
Psychoanalytisches Seminar Zürich (Herausg.), Die neuen Narzißmustheorien: Zurück ins Paradies?, Frankfurt a. M. 1981
Rauchfleisch, U. (Herausg.), Allmacht und Ohnmacht. Das Konzept des Narzißmus in Theorie und Praxis, Bern 1987
Rogers, C. R., The necessary and sufficient condition of therapeutic personality change. J. Cons. Psycholog. 21, 95–103, 1957
Sugermann, Sh., Narzißmus und Selbstzerstörung, Olten 1978
Thomä, H., Auf dem Weg zum Selbst. Bemerkungen zur psychoanalytischen Theorieentwicklung in den letzten Jahrzehnten, Psyche 34, 221–245, 1980
Weintraub, A., Psychorheumatologie, Basel 1983
Wolf, E., Subjektivität und Ethik in der medizinischen Praxis. Die zentrale Rolle der Einfühlung. In: Wunderli, J., Weisshaupt, K., Medizin im Widerspruch, Olten 1977
Wunderli, J., Sag Ja zu dir. Vom tragischen zum positiven Narzißmus, Olten 1983

Joanne Wieland-Burston

Chaotische Gefühle

Wenn die Seele Ordnung sucht

220 Seiten, zahlreiche Schwarz-Weiß-Abbildungen
ISBN 3-268-00075-4

Chaos ist nötig, damit neue Ordnung entstehen kann. Diese Erkenntnis der Naturwissenschaften gilt auch für die Psyche. Frühere Kulturen besaßen Rituale, um dem Chaos zu begegnen. Dieses Wissen haben wir, auf Kontrolle aller Gefühle bedacht, fast verloren. Die Autorin zeigt, wie wir mit chaotischen Gefühlen besser umgehen können und damit erst Fluß der Lebensenergie ermöglichen.

Susan Sheehan

Ich bin nicht da, wo ihr mich sucht

Die Geschichte einer Schizophrenie

349 Seiten, kartoniert · ISBN 3-268-00039-8

Sylvia Frumkin wird mit 15 Jahren zum ersten Mal in eine psychiatrische Klinik eingewiesen. Diagnose: Schizophrenie. Das Buch erzählt von Sylvias hoffnungslosem Kampf gegen diese Krankheit, vermittelt aber auch tiefe Einblicke in Entstehung, Symptome und Behandlung der Schizophrenie und das System der psychiatrischen Versorgung.

Kreuz Verlag

Schwester Liliane Juchli

Bilder einer Depression
Leben mit den Kräften der Tiefe

Mit einem Vorwort von Karlfried Graf Dürckheim
189 Seiten, 48 Abbildungen, gebunden
ISBN 3-7831-0870-5

Im Mittelpunkt dieses Buches stehen die 48 farbigen Zeichnungen einer Frau, die durch eine schwere Depression ging. Die Autorin schildert die verschiedenen Formen der Depression und gibt praktische Hinweise für den Umgang mit Ärzten, mit Medikamenten und mit sich selbst. Die medizinische Behandlung kann einige der schwersten Belastungen mildern, aber Heilung, sagt Schwester Liliane Juchli, ist nur möglich, wenn neben der medizinischen die geistig-seelische Ursache der Depression gesehen wird, denn letztlich ist die Depression eine Sinnkrise.

Nathan Billig

Depression im Alter muß nicht sein
Ihre Anzeichen und ihre Behandlung

160 Seiten, kartoniert · ISBN 3-268-00066-5

Die Altersdepression ist, wenn sie richtig erkannt wird, in vielen Fällen heilbar. Der bekannte amerikanische Psychiater Nathan Billig erläutert die Anzeichen und Symptome der Depression, Möglichkeiten der Diagnose und Behandlung, eventuelle Nebenwirkungen der Behandlung, den Unterschied zwischen Depression, Alzheimerscher, Parkinsonscher und anderen Krankheiten und weitere praktische Fragen in diesem einfach und klar geschriebenen Buch für ältere Menschen und ihre Familienangehörigen.

Kreuz Verlag